希特勒身邊的女人們

■ 翁崎著 ■

臺灣商務印書館 發行

前言

如果要排列一份二十世紀罪人的名單，希特勒無疑應當放在榜首。從一九三三至一九四五年的德意志第三帝國時期，他不僅在德國國內實施獨裁統治，迫害、屠殺千千萬萬無辜的猶太人和平民百姓，而且對外侵略擴張，一手策劃、挑起了震驚世界的第二次世界大戰，企圖實現其奪取「生存空間」，稱霸歐洲乃至全球的美夢。

但是，如果沒有幫兇，沒有士兵的衝鋒陷陣，沒有民眾的盲目追隨，希特勒一人的能量再大，也無法做出那麼多喪盡天良的壞事。

希特勒的得力幹將、納粹的政要是清一色的男人，將猶太人投入毒氣室的大都是男人，在集中營裡拿猶太人做試驗的醫生也是男人，指揮作戰的將領是男人，扛著衝鋒槍奔向前線的同樣是男人。男人們在希特勒走向罪惡的道路上起著至關重要的作用，很少有女人直接參與他們那些令人髮指的暴行。但是，許多婦女卻用自己特有方式，支持納粹的統治，狂熱地追隨希特勒，使他亢奮，使他感到心理上的滿足，使他更加不可一世。

無論在首都柏林（Berlin），還是在召開納粹一年一度黨代會的紐倫堡（Nürnberg），或是在舉辦瓦格納音樂節（Richard Wagner Festspiele）的拜羅伊特（Bay-reuth），只要希特勒一出現，就有成千上萬的人歡呼雀躍。在洶湧如潮的人流中，女性占據了很大的比重，她們的表情比男人更為狂熱，在雷鳴般的呼聲中，她們的聲音比男人更加響亮。

第二次世界大戰爆發之前，在德國南部貝希特斯加登（Berchtesgaden）希特勒的山莊別墅附近，只要他一出門散步，就有眾多狂熱的追隨者圍集在道路兩旁，為的是一睹「領袖」風采，並且當著他的面伸出右臂，高喊一聲「嗨，希特勒」，表示自己的忠貞。這當中，女性佔絕大多數。希特勒一走，她們中的許多人爭先恐後，撿上幾顆他腳下踩過的石子，如獲至寶，拿回家中珍藏起來。

在納粹掌權的整個時期，希特勒的總理辦公室每天都會收到一大疊寄給他的信件，其中一部分是與他素昧平生的婦女的求愛信。

在女性群體中，最為推崇希特勒，也是給他幫助最大的，當數他身邊的一些追隨者。這些人雖然從未直接參與迫害、屠殺猶太人和無辜平民，從來沒有為希特勒窮兵黷武的政策出謀獻計，也從來沒有上過前線指揮作戰，但是，她們一味盲從，給希特勒以支持，無疑為他的上台、納粹政權的鞏固助了一臂之力。

本書的主人公，就是希特勒身邊的七個女人。這幾個女人，雖然家庭出身、所受的教育、文化素養不盡相同，人生經歷也各有所異，但她們有一個共同點，那就是她們都曾經追隨這個大獨裁者，以這樣或那樣的方式，為希特勒、為納粹政權效勞。

格莉・勞巴爾和愛娃・布勞恩大體屬於一類。前者是希特勒的外甥女，後者是他的秘密情人。她們年輕、漂亮，追求富貴、舒適的生活，仰慕名人，卻無意通過自己的努力、奮鬥來達到目的，於是只能依附於人。這樣，她們便一頭栽進了希特勒所設的圈套，不能自拔。她們其實對政治毫不關心，對希特勒的事業毫無興趣，同時還不得不忍受精神上的巨大痛苦：希特勒因為對外甥女產生了不正常的愛慕之情，所以對她實行嚴密的監視，並且處處限制她的行動，使她無法像同齡的女孩那樣走自己的路，也無法像她們那樣結交男友，追求自己的人生幸福。最後，她在痛苦和無奈之中選擇了自殺，結束了年輕的生命。無獨有偶，希特勒的情人愛娃也偏愛這一招，痛苦絕望的時候，她沒有想到離開暴君，找回自我，而是以死相要脅，並且創下了自殺三次的記錄。最後一次是在第三帝國瀕臨滅亡之際，她和臭名昭著的希特勒同歸於盡。

尤妮蒂・米特福德則屬於另一種類型。她出身英國貴族，和二戰時期的英國首相邱吉爾以及羅素等世界名人都沾親帶故。與格莉和愛娃不同的是，她對富貴、舒適的生活沒有太大的興趣，卻追求極端、尋找刺激，在姐姐戴安娜及其男友、英國法西斯黨的創始人莫斯利的影響下，在英國極右組織中找到了歸宿，並且萌生了結識希特勒的念頭。經過不懈的努力，這個在德國名不見經傳的英國女子，居然如願以償，得以經常相伴於希特勒左右，成為和希特勒接觸、交往最多的外國女人。尤妮蒂愛慕希特勒已經到了把他奉若神明的地步。第二次世界大戰全面爆發後，尤妮蒂不堪忍受自己的祖國和希特勒的德國交戰，開槍自殺，雖然當時沒有死去，卻留下了致命的後遺症。

瑪格達‧戈培爾是納粹宣傳部長約瑟夫‧戈培爾的妻子，也是希特勒心目中的知己。她在公眾場合和紀錄片中頻頻露面，所起的作用比某些納粹政要更大。因為希特勒沒有明媒正娶的妻子，瑪格達儼然成了第三帝國的「第一夫人」，不僅在電台向全德婦女發表講話，為納粹四處募捐，還以身作則，與戈培爾一起為「領袖」生下六個健康、「純種」的雅利安兒女，並且在第二次世界大戰爆發後，將自己與前夫所生的長子送往前線，成為第三帝國宣傳的「榜樣」。最後，她和丈夫在毒死六個年幼的子女之後，跟隨希特勒走向死亡的深淵。

在希特勒周圍的女人中，威妮弗雷德‧瓦格納和萊妮‧里芬施塔爾屬於事業型的女強人。威妮弗雷德是著名的瓦格納音樂節總監，也是希特勒的知音和支持者，第三帝國期間，音樂節成為納粹的宣傳工具；而與此同時，威妮弗雷德又對納粹政權的受害者提供幫助，拯救了不少猶太人以及同性戀者。萊妮則是一位才華橫溢的藝術家，也是希特勒的知心朋友，她在希特勒的授意下，拍攝了多部藝術水平很高的納粹宣傳片，為希特勒及其納粹黨歌功頌德。第二次世界大戰結束後，萊妮竭力為自己辯護，認為她追求的是純藝術，與政治無關；而威妮弗雷德，簡直是死不改悔，到了二十世紀八〇年代，仍然無視希特勒對世人犯下的的彌天大罪，把他說成是自己可以信賴的朋友。

特勞德爾・容格是希特勒最年輕的女秘書。她涉世未深，難以看清暴君的真實面目，反而把他當成慈父般的朋友。她替希特勒列印文稿，更多的則是和其他女秘書一起，陪伴希特勒和納粹政要吃喝聊天。在希特勒行將滅亡之際，特勞德爾奉命打下了他口述的「政治」遺囑和私人遺囑，成為大獨裁者走向滅亡的見證人。希特勒死後，她才離開了他藏身的地下避彈室。戰後，特勞德爾經過痛苦的自我反省，終於認清了希特勒的猙獰嘴臉。

為什麼有那麼多人受希特勒的蠱惑？為什麼希特勒身邊的女人們喪失良知，依附效忠於他，甚至給他以摯愛、而且至死不悟？發生在二十世紀這一人類悲劇的歷史教訓是深刻的。希望本書所述的故事會給我們有益的啟示。

1

最理想鍾愛的女人

格莉・勞巴爾

爲了希特勒自殺的女人不止一人，
但有一個女人早在她們十四年前就已自殺身亡，
這就是希特勒的外甥女格莉・勞巴爾。
當時，希特勒曾一度萎靡不振、食不甘味，
聲稱格莉是他最理想、最鍾愛的女人。

Geli Raubal
1908-1931

為了希特勒而自殺的女人不止一個：瑪格達・戈培爾與其丈夫、納粹德國的宣傳部長約瑟夫・戈培爾，於第三帝國崩潰之際，在毒死六個兒女之後，自殺而死；自殺次數最多的當數希特勒的情人愛娃・布勞恩，最後一次她與希特勒同歸於盡。

但是，還有一個女人早在她們之前十四年就已自殺身亡，同樣是為了希特勒。這就是希特勒的外甥女格莉・勞巴爾（Geli Raubal）。

一九三一年九月十八日，格莉在希特勒的寓所，用他的手槍擊中自己的肺部，結束了二十三歲年輕的生命。

格莉死後，希特勒一度萎靡不振、食不甘味，甚至聲稱格莉是他最理想、最鍾愛的女人，他曾多麼想和她結婚，而且自己再也無法像愛她那樣去愛別人了。

希特勒和自己外甥女的戀情究竟是怎麼一回事呢？

一九〇八年六月四日，在奧地利風景秀麗的小城林茨（Linz），一個女孩呱呱落地。父母為她取名安格拉，但大家都叫她格莉。她的母親安格莉卡・勞巴爾（Angelika Raubal）是希特勒同父異母的姐姐，父親萊奧・勞巴爾（Leo Raubal）是稅務局的公務員。格莉有一個哥哥，後來又有了一個妹妹。她出生的時候，當年十九歲的希特勒正在做著當畫家的美夢。他去看望姐姐的時候，姐夫總要對他挖苦一番。在姐夫的眼裡，這個妻弟不務正業，是個沒出息的人。

時過不久，希特勒再也聽不到姐夫的冷嘲熱諷了，就在格莉兩歲的時候，萊奧・勞巴爾離開了人世。

早年喪偶的安格莉卡拖兒帶女，日子頗為艱難。但是，她還是設法讓女兒格莉繼續求學，這在那個時代實屬少見。格莉不是塊讀書的料，學得很吃力，但總算還是讀完了高中。

格莉記事以後第一次見到舅舅，正是他落難之時。一九二三年十一月，希特勒策劃的慕尼黑啤酒館①暴動失敗，淪為階下囚。翌年一個炎熱的夏日，他的姐姐安格莉卡帶著長子和長女去監獄探視，年方十六的格莉這才對舅舅有了一個初步的印象。

格莉和希特勒再次相遇時，她即將完成中學學業，而希特勒此時也早已走出監獄，正在慕尼黑（München）為納粹黨奪權作準備。那年，格莉所在的學校組織畢業班同學去慕尼黑觀光旅遊，將學生安排在當地普通人家住宿。希特勒知道後立刻和自己的追隨

①慕尼黑啤酒館暴動，亦稱希特勒暴動（Hitler-Putsch），希特勒企圖在德國暴動以推翻威瑪共和的政變行動，地點在貝格勃勞凱勒啤酒館（Büergerbraukeller）。——編按

者、慕尼黑的富裕出版商布魯克曼（Bruckmann）夫婦聯繫，把外甥女安排在他們的別墅裡過夜。可想而知，格莉不僅受到舅舅崇拜者的熱情款待，也著實讓同學們羨慕了一番。這就使得年輕而又不乏虛榮心的格莉為有這樣一個舅舅而感到自豪。不過，她對希特勒及其納粹黨的思想和行為，卻知之甚少，也毫無興趣。

一九二七年夏天，格莉中學畢業，面臨著升學地點的選擇。她選中了慕尼黑，一來她的母親在希特勒的要求下，已於半年前住進了他在慕尼黑附近貝希特斯加登的山莊別墅，為他料理家務，格莉在慕尼黑求學，可以經常見到母親；另外，舅舅也在慕尼黑，無疑也是格莉作出這一選擇的一個原因。至於希特勒在其中起了什麼作用，如今已無從得知，但是，有一點卻可以肯定，那就是格莉從作出這一選擇之時起，就完全依賴於希特勒，再也沒有逃脫他的魔掌。在慕尼黑，無論是住宿還是上大學，費用都相當昂貴，格莉的母親自然支付不起，而希特勒那時仗著一些富商的支持，頗有錢財。因此，格莉在經濟上需要依靠舅舅。

一九二七年九月，格莉如願以償來到了慕尼黑，在慕尼黑大學註冊學醫，並在英國公園附近的公寓租了一個房間住了下來。格莉初來乍到，希特勒就給了她一份不薄的見面禮。他在紐倫堡納粹黨代會結束後，讓同黨魯道夫·赫斯（Rudolf Heß）與自己一起陪姐姐、格莉及其女友去旅遊。他們乘著希特勒的豪華汽車，到古城德勒斯登（Dresden）和首都柏林遊覽，每到一地必進劇院看戲。

回到慕尼黑以後，格莉定期與希特勒見面。她很快對學業失去了興趣和熱情，不到半年就輟學了。

希特勒雖然同意她放棄學醫，但是不想讓她無所事事，要她無論如何學點什麼。於是，格莉改學聲樂，希望有朝一日成為歌劇演員。希特勒的攝影師霍夫曼（海因里希·霍夫曼 Heinrich Hoffmann）的女兒亨里埃特（亨里埃特·霍夫曼 Henriette Hoffmann）曾經問過格莉：「你真的想當一名歌劇演員嗎？」格莉作出了肯定而又自信的回答，並且憧憬著出演多種角色。

希特勒出手大方，不惜高價請來了知名的聲樂老師為格莉練聲。然而其中的一位老師認為格莉的嗓子不行，缺乏歌劇演員的天賦。在另一位老師眼裡，格莉不僅沒有天賦，而且懶散成性。他說：「格莉無疑是我的最懶惰的一個學生，要不是看在希特勒的面子上，我早就把她開除了。有一半的課她給我打電話說不能來，就是來上課也是毫無準備，根本學不到什麼東西。」但是，希特勒並不計較這些，他照樣支付格莉每月的學費，期待著外甥女有朝一日在舞台上一展歌喉。

格莉既然不務正業，那麼她平時都做些什麼呢？來到慕尼黑以後，格莉儼然成了相伴希特勒左右的女人。希特勒帶她上館子，拜訪自己的支持者和崇拜者，帶她看戲看電影，和她一起在別墅外面的草地上小憩，去湖邊郊遊野餐。也許就這樣，希特勒漸漸地愛上了格莉。

格莉長著一張圓圓的臉、身材豐滿，在當時算得上是個美女。她活潑可愛，性格開朗，熱情奔放，無拘無束，見到過她的納粹黨徒都讚不絕口。對她心懷愛慕的，當然不止希特勒一人，希特勒的司機埃米爾・毛里斯（Emil Maurice）就是其中的一個。

毛里斯二〇年代初就為希特勒出生入死，一九二三年希特勒發動政變失敗後，他們一起被投入監獄。不知什麼時候開始，格莉與毛里斯之間產生了戀情，為此他差點丟了小命。

有關此事的經過，有兩種不同的說法。一種說法是毛里斯與格莉私訂終身後，請求一直關心自己婚姻大事的上司同意兩人結婚，希特勒聽後暴跳如雷。另一種說法則是攝影師霍夫曼轉述毛里斯親口告訴他的一番話：有一天毛里斯到格莉的公寓去玩，兩人正在卿卿我我的時候，恰巧希特勒來到，被他撞了個正著。「他一把抓住我，當時我覺得他簡直想把我殺了。」從此以後，希特勒規定他們在兩年內不許單獨見面，並對格莉實行更嚴密的監視。毛里斯對此實在無法理解。後來，他猜測希特勒自己愛上了外甥女，不然不會出現如此令人費解的舉動。而格莉呢，她雖然思念情人，但對舅舅並沒有太多的責怪，反而覺得希特勒這樣做是為自己好。這從她給情人的一封信中可見一斑：

我親愛的埃米爾！我已經收到你叫人送來的三封信，但是最讓我高興的是最後一封。從中足見我們這幾天忍受的痛苦是前所未有的。但是必須得這樣，這對我們倆一定有好處。我現在有一種感覺，那就是這幾天將我們永遠地連在了一起……

不過，這痛苦並沒有持續多久。希特勒很快就辭退了他。這個希特勒昔日的狐朋狗友擔心其主子會有更不利於自己的舉措，不得不放棄心愛的女人。沒過多久，格莉也把戀人拋到了腦後，盡情地享受舅舅為她安排的「快樂」生活，繼續和他一起上館子、聽歌劇、看電影。

這時的格莉雖然定期和舅舅見面，外出有人監視，但是，她有自己的住處，仍然有獨立行事的機會。到了一九二九年，情形就大不相同了。在一位出版商的幫助下，希特勒在慕尼黑的富人區租了一處寬敞的住宅，有九個房間。他把其中最明亮的一間騰出來，讓外甥女搬進去。據亨里埃特回憶，希特勒在物質上對外甥女相當大方，有求必應。格莉可以根據自己的品味隨意佈置房間，傢俱再貴也不成問題，舅舅會如數支付；格莉想去湖邊野餐，希特勒再忙也會欣然奉陪。這樣，希特勒和格莉在一起的時間越來越多，除了經常一起吃飯、看戲，還陪她出入時裝商店。希特勒後來的情人愛娃雖然酷愛打扮，但他從未陪她出去買過東西。在外甥女死後多年，希特勒還對秘書說起自己當年陪格莉購買帽子時的情景，念念不忘與格莉在一起的時光。

　但是，希特勒對格莉物質上的慷慨卻是以限制她的自由為條件的：她的信件都要經過希特勒的檢查，為的是禁止她和男人交往；她不能像同齡的青年男女那樣單獨外出參加晚會、結交朋友，不能像他們那樣結伴旅遊，夜間不能太晚回家。出門的時候，她的身邊不是希特勒，就是他派的中老年「保鏢」，名為保護，實則監視，以防她和青年男子接近。希特勒自己很有可能曾對格莉行為不軌，不然，格莉不會說這樣的話：「我的舅舅是一個惡魔，他要求我做的事，沒有人能夠想得出來。」儘管如此，她還是無法擺脫自己對希特勒的依賴。

　對於格莉內心的痛苦，攝影師霍夫曼看在眼裡。他是希特勒落難時結交的同黨，因此還敢當面說幾句真話。根據他女兒亨里埃特的回憶，有一回他對希特勒說：「希特勒先生，看來格莉苦於不斷被監視、不自由，很不開心。我注意到，即使在舞會上她也不能盡興，還表露出没有自由，不能自己作主是多麼無法忍受。您難道希望她如此與世隔絕嗎？」希特勒回答說：「我很牽掛格莉的前途，這您知道，我所擁有的一切，其中最為珍貴、最愛的就是她，我把保護她看作是我的任務，把照管她、為她挑選朋友看作是我的權利。這在格莉看來是限制自由，其實是出於明智的考慮。我不想讓她落到騙子手裡。」其實，格莉早已落入一個大騙子的魔掌，這個大騙子不是別人，正是她自己的舅舅。

儘管希特勒對格莉進行了嚴密的控制和約束，但他最擔心的事情還是發生了。

格莉從一九二七年來到慕尼黑，直至一九三一年自殺的四年間，雖然大部分時間生活在慕尼黑，但是，她有時也獨自返回奧地利，去維也納或家鄉林茨過上幾個星期。很有可能那時她和一名男子相識相戀了。至於這個男人究竟是誰，對此眾說紛紜。亨里埃特在回憶錄裡認為，格莉愛上的是一個身無分文的維也納人；還有一種說法是此人是一個猶太藝術家，格莉還懷著他的孩子；格莉的母親在戰後接受美軍審訊時，聲稱格莉的男友是林茨的一個小提琴手，女兒想和他結婚，她和希特勒則堅決反對，並禁止格莉與他繼續交往；而希特勒的女秘書克里絲塔・施羅德（Christa Schroeder）在回憶錄中說此人是林莰的一個畫家，當時納粹政權崩潰在即，希特勒下令燒燬所有的檔案和信函，施羅德搶救出那位畫家給格莉的一封信，信中寫道：

你舅舅很清楚他對你母親的影響力，他正在肆無忌憚地利用她的弱點。不幸的是我們只有等你成年以後才可能對付他的這種伎倆。他想盡辦法阻礙我們的幸福，儘管他知道我們是天生的一對。你母親強加給我們的這一年分離的時間會使我們更加親密。因為我是個盡量讓自己的思想和行為直來直去的人，所以也難以想像別人不這樣做。對你舅舅的行為我只能解釋為出於他的私心。他就是想讓你將來只屬於他一個人……他指望著在這一年裡讓你回心轉意，可是他又何嘗瞭解你的心思。

格莉的男友顯然看透了希特勒在保護外甥女的幌子下的不良用心。一句話，是他試圖占有她，所以對她交友橫加干涉，完全超出了舅舅對外甥女的關心。

格莉對這種控制和約束最終忍無可忍，於是發生了一九三一年九月十八日悲慘的一幕。

這一天，希特勒和他的攝影師霍夫曼從寓所出發，驅車前往紐倫堡，準備開始新一輪競選宣傳活動。希特勒與格莉告別，已經走到樓下，卻又轉身上樓，對格莉說了些什麼，這才下樓上了車。第二天上午，希特勒正準備離開紐倫堡，被慕尼黑打來的急電叫回旅館——格莉自殺了。

原來，希特勒離開慕尼黑以後，格莉對女傭謊稱自己打算外出看電影，不在家吃晚飯，把她打發回家了，然後取來希特勒的手槍，將自己反鎖在房間裡。第二天，女傭沒有看見格莉出來吃早飯，又發現房門反鎖，覺得事情不妙，馬上叫人打開房門，看見的是倒在血泊中的格莉。

格莉到底是自殺還是他殺？當時有報紙認為希特勒和外甥女關係不正常，格莉知道舅舅的隱私太多，為了不影響自己的政治前途，希特勒親自或派人對格莉下了毒手。然而法醫的鑑定是：沒有發現他殺的跡象，格莉係自殺身亡。

對於格莉的死，希特勒百思不得其解，但是他承認，當時格莉即將第一次登台演唱，心中怯場，因此打算演出之前去一次維也納，再讓音樂教授指導一番，希特勒表示同意，但條件是讓她母親同行，格莉不允，就在希特勒去紐倫堡之前兩人還發生過爭執。另一種說法，是格莉維也納之行的真正目的並不是求教，而是想與男友私訂終身，希特勒堅決反對，兩人發生激烈爭吵，格莉自知勢單力薄，無法違背舅舅的意志，只能以死相抗。而希特勒寓所的女傭温特爾又對格莉之死作了另一種解釋：希特勒的外甥女是因為嫉妒而走上絕路。當時希特勒已和愛娃有所交往，温特爾聲稱，格莉與舅舅和霍夫曼告別以後回到房間，在希特勒的大衣口袋裡發現了愛娃給他的一封信，信中寫道：「親愛的希特勒先生，我再一次感謝您請我看戲的美好的邀請，那個晚上我不會忘記。我感謝您的友好，並急切地期待再一次見面。您的愛娃。」讀完這封頗有情書意味的信以後，格莉對温特爾說：「我和舅舅從此再也不相干了。」然後就把自己鎖進房間。温特爾認為，格莉夢想著和希特勒結婚，因為只有他才會對她在物質方面百依百順，愛娃的信給了她致命的一擊。瓦格納的兒媳婦威妮弗雷德曾在瓦格納音樂節上見到過格莉，她堅信希特勒的外甥女既非他殺也非自殺，而是一次不幸的意外事故。在她看來，格莉為了能與希特勒以前的司機毛里斯終成眷屬，不惜一切手段威脅從中百般阻撓的舅舅，結果卻弄假成真，子彈擊中了要害部位，才發生了這一幕慘劇。

這幾種對格莉之死的解釋相去甚遠，歷史學家普遍認為格莉是因為不堪忍受希特勒長期變態的管束和監視，在走投無路的情況下自殺身亡的。

希特勒和他的外甥女格莉之間是否有過性關係呢？這一點是多年來歷史學家和心理醫生大傷腦筋的問題。但是無論持何種觀點，都沒有確鑿的證據，充其量也只是依憑一些現象作出的推測。不過，有一點卻毋庸置疑，那就是希特勒深深地愛過格莉，這種愛完全超出了舅舅對外甥女的疼愛，也不是正常的男女之愛，而是他對格莉的控制欲、主宰欲和占有欲。

格莉之死似乎對希特勒震動極大。根據亨里埃特回憶，他讓攝影師霍夫曼陪他住到一位出版商的別墅裡，茶飯不思，也不說話，過了很長一段時間才有所緩和。從此以後，他見不得腥葷，不再食肉，並在同黨和部下面前數落吃肉的壞處，甚至在飯桌上大談特談屠宰場裡的骯髒和噁心。

格莉死後，希特勒將她捧上了天。她的房間保持原樣，除了他自己和定期來更換鮮花的女傭，沒有人可以進去。他還請人照著格莉的照片鑄就一尊銅像，保存在她的房間裡。

希特勒毫不隱諱他對外甥女的這種不正常的愛，他常常會在知心的女友和女秘書面前表達自己對她的思念之情。及至一九三一年耶誕節，格莉已去世三個多月，耶誕節過後，他給威妮弗雷德·瓦格納寫信，用的還是帶黑邊的信紙。他寫道：「這一回我度過了非常傷心的日子，巨大的孤獨感尚待克服。」一九三三年伊始，希特勒又舊事重提，給威妮弗雷德寫了這樣一封信：「兩年來，耶誕節對我與其說是節日，不如說是悲痛。

我再也無法像從前那樣了。」

在與格莉素昧平生的女導演萊妮・里芬施塔爾面前，希特勒從來沒有說起他當時的情人愛娃，卻把自己對格莉的愛抖露出來。那是一九三五年耶誕節前夕，格莉死去已經四年有餘，希特勒把萊妮叫到自己慕尼黑的公寓。閒談中，萊妮問及希特勒為何不結婚成家。希特勒大談他的愛情屬於人民，認為自己如果結婚生子，那就是不負責任云云。在她起身離開之際，他打開一個房間的門，萊妮看見一個青年女子的頭像。希特勒對她說：「我告訴過你我為什麼不結婚，這個女孩名叫格莉，是我的外甥女。我非常愛她，她是唯一一個我會娶的女人。但是，命運不允。」

攝影師霍夫曼的女兒亨里埃特認為，要是格莉不死，她也許會阻止希特勒的暴行，歷史也許會是另一個面目。可惜歷史不容假設，也無法假設，而即便格莉活了下來，她能否在政治上對希特勒施加影響，尚需打上一個大大的問號。我們姑且把格莉對政治毫無興趣這一點擱在一邊，回顧一下她從林茨去慕尼黑以後的生活：她連追求自己幸福的自由和權利都沒有，哪裡談得上改變希特勒、阻止他的暴行？說到底，希特勒對格莉的愛，完全基於他對她的控制、主宰和占有之上，並不考慮對方的喜怒哀樂。

格莉死後，希特勒身邊女人的故事並沒有結束。

2

未公開的秘密情婦

愛娃・布勞恩

一九四五年四月三十日，希特勒自殺身亡，
在死前兩天，他和愛娃・布勞恩結婚，
然後雙雙同歸於盡。愛娃生前極少露面，
只有希特勒身邊的少數人知道她的存在，
她是希特勒從未公開的情婦。

Eva Braun
1912-1945

一九四五年五月，德國無條件投降。隨著納粹內幕被逐漸披露，一個名叫愛娃・布勞恩（Eva Braun）的女人迅即成了家喻戶曉的人物。

一九四五年四月三十日，電台播出了這樣的消息：希特勒自殺身亡；在他結束生命的前兩天，他和愛娃結婚，然後雙雙同歸於盡。坐在收音機旁的人們都不敢相信自己的耳朵。他們不是不相信希特勒自殺身亡，而是對希特勒身邊突然出了個愛娃・布勞恩感到難以置信。希特勒當了整整十二年的納粹德國總理，人們雖然曾對他和威妮弗雷德・瓦格納要結婚的謠傳議論紛紛，卻從未聽到過愛娃・布勞恩這個名字，也從未在新聞影片、納粹集會或者是宴請外賓時看到過希特勒身邊有這麼個女人。

人們的疑惑並非沒有道理，愛娃生前極少露面，只有希特勒身邊的少數人知道她的存在。愛娃是希特勒從未公開的情婦。

而瞭解這一事實的人都緘口不言，嚴格地保守著秘密。希特勒最後的女秘書特勞德爾・容格後來回憶道：「這事無人知道。我想這是保守得最好的一個秘密。並沒有人要求任何人對此事閉口不提，奇怪的是大家都直覺地沒有把它宣揚出去。」恐怕誰都知道一旦張揚開來，難免會招來殺身之禍。

希特勒有個秘密情人，在臨死前兩天嫁給了他並自願和他一起自殺身亡的消息，很快成為爆炸性新聞傳遍了世界的每個角落，許多人對這個女人的行為深表憤慨。

三十年後的二十世紀七○年代，一位當年參加攻打納粹德國的立陶宛蘇聯紅軍老戰士在聽說女兒給剛出生的外孫女起名「埃弗琳娜」（Evelina，縮寫即 Eva）時，非常生氣，原因是埃弗琳娜和愛娃名字相似，「埃弗琳娜」讓他想到了愛娃——那個曾和希特勒同床共枕的愛娃‧布勞恩，這是老人所無法容忍的。將埃弗琳娜和愛娃這兩個名字相提並論看似離奇，但是，這位老紅軍對愛娃‧布勞恩的憎惡之情在戰後卻是極具代表性的。納粹倒台後，人們看清了希特勒的真實面目，同時也就很自然地把他的秘密情人看作十惡不赦的罪人。

愛娃是如何與希特勒結下不解之緣的？她為什麼會心甘情願地同希特勒一起走向死亡？箇中原因，還得從她的人生發展的軌跡中去探尋。

一九一二年二月六日，愛娃‧布勞恩出生在巴伐利亞州（Bayern）的慕尼黑一個小康之家。父親弗里德里希‧布勞恩（Friedrich Braun）是個教員，工作勤懇、循規蹈矩，信奉基督教；母親弗蘭齊絲卡‧布勞恩（Franziska Braun）年輕貌美、身材苗條，學過一點裁縫，是個虔誠的天主教徒。在當時的德國，宗教信仰在男婚女嫁中至關重要，一般來說都要求志同道合。結婚的時候，弗里德里希答應岳父岳母，日後讓下一代接受天主教教育。布勞恩一家的日子過得不錯，尤其到了上個世紀二〇年代，他們擁有一間寬敞的住房，有一個勤快的女傭幫著操持家務，還買了一輛嶄新的寶馬汽車（BMW）。這在第一次世界大戰剛剛結束的德國實屬少有。愛娃排行第二，上有一個姐姐，下有一個妹妹（姐姐為伊爾莎・布勞恩 Ilse Braun，妹妹為格蕾特・布勞恩 Gretl Braun，見後）。小時候她是個野孩子，喜歡學那些愛打架的男孩子的樣，和他們一起跌打滾爬，還迷戀體育運動。愛娃的這一愛好，來自母親的遺傳。弗蘭齊絲卡生性好動，還是姑娘的時候就是游泳和滑雪能手，在結婚前三年，她在村裡一舉奪得滑雪冠軍；後來，她還憑藉自己高超的游泳技術，救了一位溺水者的命。這樣的女子，在近一百年前的二十世紀初葉想來是不多見的。

弗里德里希對女兒們管教甚嚴，有時還會打罵孩子。不過這在那個時代，也是常有的事。愛娃的家庭與一般的家庭並沒有什麼太大的不同。她兒時的女友回憶說：「布勞恩家的姑娘們和我們一樣，沒有什麼特別的地方，她們和其他孩子一樣跟我們在一起玩。」

在家裡，愛娃是三姐妹中最得寵的一個。她長著一雙天真的眼睛、一副甜滋滋的笑臉，父母對她憐愛有加。愛娃小時候腦子靈活，又很調皮，有時還會使些詭計，以達到自己的目的。據她的母親戰後回憶，愛娃在四歲的時候，如果不喜歡吃桌上的飯菜，就佯裝肚子不舒服，這樣她可以名正言順地不吃飯，父親拿她也沒有辦法。

轉眼到了該上學的年齡，父親信守當年對岳父岳母許下的諾言，把愛娃送到一所天主教會學校念書。在學校裡她給老師留下的印象是聰明、好動，對待學習卻是異常懶散。一位修女回憶道：「她是個野孩子，上課容易開小差，從不完成作業，一心只想著體育。不過這方面她倒是首屈一指。除此之外，她懶惰成性，但是總能矇混過關，因為她很聰明。」學校的另一位修女說：「愛娃是一個難對付的孩子，但很聰明，總能達到自己的目的。」

愛娃對學習不感興趣，也不肯用功，不過她憑著小聰明，還是讀完了小學課程。緊接著，父親將她送到同是天主教會辦的女子中學就讀。在那裡，愛娃除了繼續接受嚴格的天主教教育外，像當時大多數少女一樣，還學習法語、打字、家政和會計。此時的她依然愛好體育運動，但已不是那個跌打滾爬的野孩子了。她開始注重自己的外表，在意自己的髮型和衣著。她的偶像不再是那些會打架的孩子，而換成了影星和歌星。她收藏他們的照片，模仿他們的打扮，欣賞他們美麗的容貌、優雅的姿態，也羨慕他們豪華闊綽的生活。

愛娃自己想必也和許多同齡的少女一樣做過影星、歌星夢。但是很難想像，保守而又嚴厲的父親會支持她在演藝方面發展。果然，一九二九年中學畢業後，十七歲的愛娃在父親的安排下，到慕尼黑一家照相館當學徒。但是弗里德里希萬萬沒有料到，就是在自己為女兒安排的照相館裡，愛娃結識了希特勒，從此開始了她的人生悲劇。

愛娃當學徒的這家照相館正是攝影師海因里希・霍夫曼開的。此人是納粹黨的老黨員，與希特勒是患難之交，也是希特勒的專職攝影師。一九三三年納粹上台後，只有霍夫曼和德國十九世紀音樂大師理查・瓦格納的兩個孫子享有為「領袖」照相的殊榮，霍夫曼也因此發了一筆橫財。愛娃進照相館的一九二九年，納粹雖然還是小黨，但希特勒在慕尼黑已是頗有名氣了。那時他常去霍夫曼的照相館，店員都認識他。有時候，希特勒也帶一些小禮物送給他們，或者買上幾張戲票請客。

也許，愛娃那時已聽說有那麼個納粹黨，但是政治完全不是她的興趣所在，她更不會去關心納粹黨的頭目長的是什麼模樣。她的偶像依然是影星和歌星，她考慮最多的問題是穿哪身衣服最合適，哪條裙子最配哪件上衣。因此，愛娃初次見到希特勒時，並不知道他是何許人，也就不足為奇了。

後來，愛娃這樣向妹妹格蕾特描述她初遇希特勒的情景：「那天下班後我留在店裡整理文件，文件夾放在櫃子頂上，我剛剛爬上梯子，這時老闆進來了，同來的是個歲數不小的人，留著一撮怪模怪樣的鬍子，身穿一件淺色風衣，手裡拿著一頂氈帽。兩人在屋子另一端面朝著我坐了下來。我沒有轉身，只是不經意地朝他們瞧了瞧，發現那人正盯著我的大腿。那天我剛把裙子改短，覺得不太自在，因為我不知道裙邊縫得怎麼樣。」

愛娃下來後，老闆把這位叫做沃爾夫（Wolf）的客人介紹給她。沃爾夫是希特勒的化名，原意是「狼」。他的老朋友們，諸如霍夫曼、威妮弗雷德・瓦格納都這樣稱呼他。當時，愛娃並不知道這位沃爾夫先生是什麼人物。她繼續向妹妹敘述道：「那位老先生對我恭維了一番，我們聊了一會兒音樂和國家劇院演出的一齣戲。說話時他老是盯著我看。後來發現時候不早，我得走了，他提出用他的賓士汽車（Mercedes-Benz）送我回家，我拒絕了，你想想爸爸那臉色！」

對於沃爾夫的恭維，愛娃一定是滿心歡喜。她大概並不是不想坐上闊氣豪華的賓士車兜風。但是，十七歲的愛娃還是生怕被嚴厲的父親撞見，只能作罷。這時，這個四十歲的中年人也許給愛娃留下了深刻的印象，但是她對他絕對沒有一見鍾情，相貌平平的希特勒不是愛娃夢中的浪漫情人。

後來霍夫曼把沃爾夫的真名告訴了愛娃，愛娃這才知道沃爾夫本名希特勒，但她還是不清楚希特勒是何許人。回到家她問父母希特勒到底是誰，父親說：「是那麼個毛頭小子，以為自己有滿腦子的智慧。這種人見了還是躲遠點兒的好。」顯然，弗里德里希對希特勒沒有好感。

希特勒像以往一樣，去照相館的時候，總是捎些小禮物，愛娃自然也有一份。有時，希特勒也單獨請愛娃一起出去吃飯或者看戲，他們開始交往的頭一年僅此而已。這時希特勒最心愛的女人是他的外甥女格莉・勞巴爾，他常帶著格莉出入於社交場合。而愛娃也正和一個在上大學的猶太青年熱戀著。

一年後，希特勒和愛娃的交往有了進一步發展的契機：愛娃和男友之間的愛情好景不長，兩人很快分手了；格莉也於一九三一年九月在希特勒的寓所手持希特勒的手槍自殺身亡。希特勒在萬分悲痛之中，常常向愛娃訴說失去心上人的痛苦，希望得到對方的慰藉。愛娃沒有讓他失望：她有時會偷偷地在希特勒的口袋裡塞上一封情書，使他痛苦的心靈得到了安慰。這樣，一九三二年後，愛娃正式成了希特勒的情人。他們平時在希特勒寓所碰頭，週末則去貝希特斯加登的山莊別墅約會。這些都是在極其保密的情況下進行的：愛娃去希特勒家時，希特勒總要設法把女傭支開；希特勒的賓士汽車送愛娃回家，總是停在布勞恩家附近的街上，以免被愛娃嚴厲的父親撞見。

注重外表、崇拜明星、對政治毫無興趣的愛娃怎麼會愛上這個比她年長二十三歲、相貌平平的希特勒？希特勒的攝影師霍夫曼的女兒、同希特勒和愛娃過從甚密的亨里埃特說：「希特勒打動了她。報紙都報導他，他有一輛黑色的賓士汽車、一隻牧羊犬和一個專職司機，而且善於恭維人。」

看來，在愛娃眼裡，希特勒和歌星、影星沒有什麼兩樣：有眾多的富人支持他，給納粹黨捐款，這意味著他有錢；有豪華汽車，有專職司機，這意味著他有權；知道他的人越來越多，這意味著他有名。而希特勒會恭維奉承女人，更是打動了愛娃的心。一句話，希特勒足以滿足她的虛榮心。

當時希特勒周圍有不少女性崇拜者，而且都頗有名氣：海倫娜・貝希施泰因（Helene Bechstein）是慕尼黑大鋼琴商的太太、社交場上的常客；威妮弗雷德・瓦格納是音樂大師理查・瓦格納的兒媳、瓦格納音樂節總監；萊妮・里芬施塔爾才氣逼人、名噪一時，既是電影明星又是著名導演；受過良好教育的納粹宣傳部長太太瑪格達・戈培爾則風度翩翩，精通多種語言。更重要的是，她們不僅崇拜希特勒、理解希特勒，而且是希特勒「事業」的支持者和維護者。

照相館的小學徒愛娃和這些女人相差甚遠。她沒有受過太多的教育，對國家大事一竅不通，也聽不懂希特勒的長篇宏論。她最關心的問題不外乎情人是否還愛她、什麼時候該換哪套衣服。希特勒把這個只注重外表、沒有太多內涵的情人稱為「小傻瓜」。

「小傻瓜」又何以獲得希特勒的歡心？對於希特勒來說，道理也許很簡單。希特勒需要女強人給他仕途上的支持和幫助，但像他這樣「聰明人」的私生活中，卻不能容納女強人，而要選擇溫良恭順的「小傻瓜」作情人。希特勒曾對後來的納粹軍備部長施佩爾（Albert Speer）說：「聰明人應該找頭腦簡單的傻女人。您看看，我要是有個整天對我的工作指手劃腳的女人會是個什麼情形。業餘時間我需要安靜。」

當然，「小傻瓜」也只能做他的情人，他從未想過要和她結婚。更何況，他早就說過，他的新娘是德國。

但是，「小傻瓜」對此卻一無所知。在他們剛剛開始交往的時候，愛娃就天真而又不無自豪地向女友們炫耀，希特勒愛上了她，她一定能當上希特勒的太太。

一九三二年十一月，愛娃成為希特勒的秘密情人已近一年。這期間，兩人的關係時密時疏、時好時壞。這時納粹黨的勢力已非常強大，希特勒為拉選票奔走於全國各地，為翌年奪取政權作最後衝刺。身為秘密情人的愛娃無法跟在他身邊，便被擱在一旁，受到冷落。當時，她還住在父母家裡，除了去照相館上班，就是在家等待希特勒的電話或信件，為此她專門找了個藉口，在自己的房間裡裝了電話，旁人不得使用。對於當時的政治風雲，愛娃知之甚少，也不感興趣。當然，她也希望希特勒能功成名就，自己成為總理的情人。說不定希特勒有朝一日娶她為妻，那麼，她就是總理太太了。

事與願違，希特勒一連好幾個月沒有和她聯繫。絕望之中，愛娃想到了自殺。一九三二年深秋的一個晚上，二十歲剛出頭的愛娃寫下遺書，偷偷地拿起了父親的手槍，扣動槍栓。幸好發現及時，她被送往醫院搶救，活了下來。

後人很難揣測和理解愛娃自殺的真實動機。是熱戀中的情人一時頭腦發昏，還是為了以此「懲罰」鐵石心腸的情人而將自己寶貴的生命視若兒戲？

也許，愛娃並不看重自己的生命，她的生命只是個空虛美麗的外殼。她完全可以自己養活自己，但她並不喜歡工作，更不想一輩子待在照相館的暗室裡；她既沒有什麼遠大理想和抱負，也沒有野心，只想著如何精心打扮自己。此時，她的生命依附於希特勒，他的地位和財富能夠滿足她的虛榮心。失去了他的愛以及他擁有的一切，她的生活又有什麼意義呢？

愛娃自殺的舉動頗有效果，希特勒聞訊後驚惶失措，匆匆趕到醫院安撫情人。是因為差點失去心上人而感到震驚？恐怕不是。一年前，希特勒心愛的女人、他的外甥女格莉在他的寓所自殺身亡，已鬧得滿城風雨。人們不僅對希特勒和格莉之間的曖昧關係議論紛紛，而且有人認為格莉之死並非自殺，而是希特勒下的毒手。此事最後雖然不了了之，但當事人因此大傷元氣。如今到了希特勒奪權最關鍵的時刻，如果情人自殺的消息被公諸於世，那他的仕途很有可能就此劃上句號。

希特勒感到僥倖的是，這起本該成為爆炸性新聞的事件，其內幕無人知曉。愛娃謊稱自己出於好奇擺弄父親的手槍，不小心出了事故。就是對父母，她也沒有道出真情。因此，沒有人來追究此事。

虛驚一場的希特勒許下諾言，今後一定要多多關心照料愛娃。他不希望再發生類似的事件，以免影響他的政治前途。他說：「我今後得多關照她，哪怕只是為了避免她再幹這樣的蠢事。」

幾個月後的一九三三年初，希特勒終於如願以償，當上了帝國總理。可以想像，愛娃的內心是很矛盾的。自己的情人做了總理，她自然滿心歡喜；但是，情人不是丈夫，他們的交往只能秘密進行，這一點很傷愛娃的自尊心，但她卻無可奈何。希特勒身邊的女性崇拜者越來越多，她們和他公開出入於社交場合，而愛娃則不得不獨守閨閣。

偶爾，愛娃也被邀請參加納粹高層的活動。有時她能和希特勒、納粹政要一起去劇院看戲，但是，和希特勒坐在同一包廂裡的絕不是這個名叫愛娃・布勞恩的女人。

一九三四年夏天，納粹黨代會在紐倫堡舉行，愛娃是特邀代表，她的公開身份是希特勒的秘書，被安排在貴賓席上。對此，那些同去參加黨代會的其他女人深表不滿。顯然，她們根本沒有把這個照相館的小職員放在眼裡，更沒有想到她會被安排在貴賓席上。於是，她們在希特勒面前嚷嚷了一番。跳得最高的是希特勒的同父異母的姐姐、格莉的母親安格莉卡・勞巴爾和納粹宣傳部長戈培爾的太太瑪格達・戈培爾。

安格莉卡・勞巴爾一直住在山莊別墅替希特勒料理家政，她對愛娃從來就看不順眼，眼看著已故女兒在希特勒心目中的位置要被另一個女人所占據，便憑著母親的本能全力反抗。而瑪格達・戈培爾則被視為第三帝國的「第一夫人」，也許，愛娃在納粹黨代會上拋頭露面，讓瑪格達感到自己的地位受到威脅，仗著自己與希特勒的密切關係，她也跳出來想和愛娃較量一番。

此番舉動惹怒了希特勒。對希特勒來說，愛娃雖然只是他的「小傻瓜」，他可以冷落她，可以不尊重她的感情，別人卻不能貶低她、侮辱她。勞巴爾隨即被趕出家門。別墅的管家赫伯特・德林（Herbert Döhring）後來回憶道：「希特勒不樂意旁人干涉此事，更受不了那種指手劃腳的腔調。他姐姐第二天就不得不收拾行李走人。這是件了不得的大事，起因就是愛娃。」對瑪格達，希特勒也是很長一段時間不理不睬。

這一切卻並沒有改變希特勒本人對愛娃的態度。希特勒上台後，大部分時間都待在柏林，而愛娃仍然住在慕尼黑父母的家裡。他們見面機會不多，希特勒對愛娃許下的諾言很少得以兑現。愛娃希望希特勒多給她打電話，多來慕尼黑看她；生日的時候她期待著希特勒能送來金銀首飾和漂亮的時裝，或者一隻可愛的小狗。但這些，希特勒都沒有做到。愛娃在絕望之中懷疑希特勒又有了別的女人。我們在愛娃僅存的一些日記裡，可以看到她從失望到絕望的過程。一九三五年二月，剛剛度過二十三歲生日的愛娃寫道：「這回他來了，但是既沒有小狗，也沒有衣服，連問都沒有問一聲我想要什麼樣的生日禮物。」

一個月後的一九三五年三月，希特勒又不聲不響地離開，去了納粹宣傳部長戈培爾家。那時的希特勒正在策劃進一步擴充軍備，實現自己統治歐洲乃至稱霸世界的野心，哪裡顧得上這個對他的「事業」毫無興趣，只想穿著打扮、逗小狗玩兒的情人。而愛娃卻絞盡腦汁，不知希特勒為何將她冷落一邊。加上這期間她已瞭解到有一個英國漂亮女人頻頻出現在希特勒身邊。怨恨之餘，愛娃可憐起自己的苦命，她在日記中寫道：「我真想大病一場……我為什麼要受這樣的罪……他為什麼要這樣折磨我、不乾脆一刀兩斷！」

絕望的愛娃給希特勒寫了一封信，向他發出最後通牒，但沒有在預想的時間裡得到答覆。愛娃決定一了百了。一九三五年五月的一個晚上，她再一次試圖結束自己的生命，這一次用的不是手槍，而是安眠藥。

然而，死神又一次與愛娃擦肩而過。吞下了三十五粒安眠藥的她被姐姐及時發現送往醫院。醫生為她清洗了腸胃，愛娃再次獲救。

希特勒不敢再怠慢這個動輒就拿自己生命當賭注的情人。從此以後，他每天都給愛娃打電話，讓她辭去照相館的工作，每月給她一份「秘書」的工資，並通過攝影師霍夫曼給愛娃和她的妹妹格蕾特在慕尼黑租了一間寬敞的住房，讓她們搬出父母家。一年以後的一九三六年，希特勒又委託霍夫曼給愛娃在慕尼黑買了一幢小樓，讓姐妹倆住了進去。

愛娃的父母對希特勒和女兒之間若即若離的關係很是不滿，在他們看來，給人家充當秘密情人不成體統，他們用當時公認的道德準則要求女兒，希望愛娃找的男人愛她，並且能夠和她名正言順地結婚成家、生兒育女。於是，愛娃的父親弗里德里希於一九三五年給帝國總理、女兒的情人希特勒寫了一封措辭委婉的信：

……我感到非常不安，因為我不得不為一件私事打攪您，這就是我作為父親的擔憂。您身為德意志民族的領袖，要關心別的、當然是重要得多的事情……現在我的家庭分裂，因為兩個女兒搬進了您提供的住房，我身為一家之主而無法過問。此外，道德上我還是持著也許過時了的觀點：孩子只有婚嫁時才能脫離父母的監護另立門戶。這是我的榮譽觀。更何況我也很想念我的孩子。對您的理解，尊敬的帝國總理，我將不勝感激，並請求您不要支持我女兒愛娃的自作主張，讓她回到家裡……

弗里德里希把信交給了照相館老闆霍夫曼，希望由他轉交給希特勒。但霍夫曼卻把它交給了愛娃，這封信也就石沉大海，愛娃的父親一輩子都沒有得到答覆。

事實上，愛娃住在租來的房子裡，時間很短；後來希特勒買下的小樓，愛娃也沒有在那裡住多久。從一九三六年夏天到一九四五年納粹滅亡前夕，不再外出工作的愛娃正式成了希特勒包養的情婦，大部分時間都住在希特勒的山莊別墅裡。愛娃的物欲也得到了極大的滿足：希特勒不僅送給她兩條可愛的小狗，還分別在她兩次生日的時候送給她一輛豪華的賓士汽車和一輛大眾汽車（Volkswagen）。

希特勒的統治機構設在柏林，像以往一樣，他的大部分時間在那裡度過。愛娃居住的山莊別墅裡，管家、傭人一大堆，她不必為管理家務而費神，那麼，她每天的日子究竟如何打發呢？

修飾自己漂亮的外表是愛娃的愛好，如今不愁沒有時間，不愁沒有錢花，梳妝打扮更成為愛娃最重要的事情。每天都有一個高級理髮師上門為她料理頭髮；她的衣裙是在柏林和巴黎的一流時裝店訂做的；有時，愛娃也跑一趟佛羅倫斯，為的是能夠買上幾雙正宗的義大利皮鞋。愛娃房間的書架上擺放最多的，是一本本厚厚的文件夾。這些檔夾裡詳細記載著她所有的衣服、褲子、裙子和鞋子的價格、式樣和顏色，手感如何，在哪家商店購買的，並附有草圖和一小塊布料，然後註明哪頂帽子、哪串項鏈、哪條褲子和裙子、哪雙皮鞋和哪件衣服相配。這是一項相當繁雜的工程，因為愛娃的衣物首飾非常之多。

將這些東西分門別類當然是不夠的，它們的主要用途是穿戴。愛娃有一張美麗的臉孔和苗條勻稱的身材，穿上考究的衣服更使她顯得嫵媚動人。山莊別墅的管家赫伯特・德林回憶道：「她身材優美、苗條，而且精心打扮。她有的是時間，也有錢花。一天幾次換裝，吃午飯時一次，晚飯時一次。不管怎麼樣，她還是很討人喜歡的。」愛娃的表妹格特勞特・魏斯克爾（Gertraud Weisker）則說：「她當然也愛虛榮，不然也用不著老是換衣服。但是她這樣做不是為了給旁人看，而是為了自己。她就是喜歡看到自己不斷以新的姿態和衣著出現。」

愛虛榮的愛娃看來頗有些自憐自愛，她希望看到自己姣好的容貌、苗條的身材更加多姿多彩。這樣，購買首飾衣物、精心修飾外表成了她最重要的生活內容。而穿戴華麗的她卻無法陪伴希特勒出入社交場合，無疑成為她生活中的一大遺憾。

除了眾多紀錄時裝的檔夾，愛娃的書架上還整齊地排放著一本本電影雜誌。有的已是好幾年以前的了，可是愛娃還把它們像寶貝一樣珍藏著，捨不得扔掉。她對電影明星的出生年月瞭若指掌，說起他們拍過的片子如數家珍，她為他們的成功歡欣，為他們的不幸流淚。也許，她還可以從某些名人的際遇中找到自己的影子，那更會使她感慨萬千。

崇拜電影明星的愛娃自然喜歡看電影。山莊別墅裡有一個小小的電影放映廳，數不清的電影膠帶。一有新片子，很快就會送到山莊別墅來。要是樂意，愛娃每天都可以看上一部。希特勒在那兒的時候，晚上也多半以看電影作為消遣。他常常喜歡看多年前看過的喜劇片，而愛娃則對好萊塢電影更感興趣。兩人在這方面發生衝突的時候，愛娃經常能說服希特勒。這幾乎是兩人之間愛娃唯一能做主的事。

愛娃也酷愛攝影。她不僅有一架照相機，還擁有一台微型攝影機。每到一處，她總是要把它們帶在身邊。但是，愛娃的生活圈子比她所期待的要狹小得多，作為無法公開身份的情人，她不能和希特勒一起接待來賓，拍下歷史鏡頭，她也不能和希特勒一起參加瓦格納音樂節，攝下藝術的瞬間。愛娃能拍的，只是她和姐妹或女友一起出去度假時見到的自然景觀，以及她的家人和朋友的日常生活。愛娃也喜歡讓人給她拍照。拍照的時候，她會更換不同的衣服，擺出各種的姿態。在別人給愛娃拍的照片中，有不少是她在參加體育活動的留影。她時而身穿泳裝，面帶微笑，張開雙臂，腳踏滑翔板，隨著快速行駛的快艇在水面滑行，顯得自由自在，快樂無比，充滿了自豪和自信；時而又穿著短袖襯衣和西裝短褲，赤著腳丫子，一手將一個腳提起，好像在調皮地對人說：「你行嗎?!」

如此無憂無慮、無拘無束的日子對愛娃來說恐怕不多。她雖然不愁吃、不愁穿，過著奢侈的生活，但她只是希特勒的玩物，是他山莊別墅裡漂亮的擺設，整日無所事事，猶如籠中之鳥，無法成為希特勒明媒正娶的妻子。因此，她一方面為自己是希特勒的情人感到自豪，她在日記中就稱自己是「德國和世界上最偉大的男人的情人」，另一方面她又不滿足於現狀，也沒有幸福感。在接近她的人的印象裡，愛娃不僅常常牢騷滿腹、傲慢無禮，而且喜怒無常。

愛娃搬進貝希特斯加登的山莊別墅後，希特勒為情人在柏林的總理府也安排了一個小套房，這樣，愛娃有時也被准許去那裡住上幾天，但是日子卻比在山莊別墅更難打發。希特勒在總理府接待、宴請賓客，愛娃不能和他一起公開露面，也無法自由地在總理府遛達，就連從正門進出的權利也沒有，因為希特勒規定情人只能從後門出入。吃飯的時候愛娃獨自一人躲在房中，再好的佳餚，她也難以下嚥。

希特勒有時也在貝希特斯加登的山莊別墅裡接待外國來賓。教宗庇護十二世（Pope Pius XII）去過那裡，那位不要江山要美人的英國王室温莎公爵（Duke of Windsor）及其夫人也是其中的兩位。這些人來訪的時候，愛娃必須避而不見。她或是被迫待在自己的房間裡，或是不得不出去逛街購物，等來賓離開後才能回家。對此，愛娃非常不快。最使她感慨萬千的，恐怕是那回温莎公爵夫婦的來訪。攝影師霍夫曼的女兒亨里埃特戰後說：「愛娃知道這位公爵為了妻子而放棄了英國王位，而希特勒絕不會因為她而放棄任何東西，這一點她很清楚。」

有一回，希特勒在山莊別墅接見義大利外交大臣、墨索里尼之婿齊亞諾（Galeazzo Ciano），愛娃手提微型攝影機，破例打開自己房間的窗户，試圖將這一鏡頭拍攝下來。

湊巧被齊亞諾看見，便向希特勒打聽這位從視窗探出頭來的青年女子是誰。希特勒馬上叫人命令愛娃將窗户關上，不許再出頭露面。

愛娃顯然得不到希特勒的尊重。更有甚者，希特勒有時會當著身邊工作人員的面對她大發雷霆，這樣，他的那些隨從們也就不把她放在眼裡。在他們看來，希特勒的這位情人太普通，缺乏貴夫人應有的風度。山莊別墅裡掌權人物中，希特勒的秘書兼辦公室主任馬丁·博爾曼（Martin Bormann）是其中的一個。他瞧不起愛娃，說她「無所事事，遊手好閒，是個對希特勒毫無用處的寄生蟲」。博爾曼可以不必徵求愛娃的意見，把她的女傭趕走，理由是這個女傭的父母是虔誠的天主教徒，經常為教會捐款。愛娃不願意，到希特勒那裡去評理，得到的答覆是：博爾曼決定的事他也沒有辦法。戰後，希特勒的貼身侍衛克勞瑟提到希特勒的情人時說：「我對她毫無敬意，在我的眼裡她算不了什麼。」

儘管愛娃遭受希特勒冷落，還到處受氣，但她從來也沒有想到過離開希特勒，另尋他歡。她不是沒有這樣的機會：有一回她和姐姐、妹妹一起出門度假，遇到了一位商人。此人對她一見鍾情，兩人一起散步談心，逐步加深瞭解和感情，分手的時候，已是情投意合，難分難捨。愛娃的姐妹和好友日後回憶起來，還說他們倆外表也非常匹配，是令人羨慕的一對。但是，愛娃在度假結束後最終還是決定中斷來往，選擇了繼續充當總理情人的角色，回到了希特勒的身邊。

也許，愛娃不得不考慮離開希特勒可能帶來的後果，希特勒和他的秘密員警部隊蓋世太保不會輕易放過她；但另一方面，愛娃是否真正願意離開希特勒也是個疑問。誠然，愛娃懷疑希特勒的真誠，對自己遭受的冷落深為不滿，但是，她也迷戀希特勒的地位和權勢。她雖然不能作為總理夫人抛頭露面、博得人們的掌聲和喝彩，但她也為自己是「德國和世界上最偉大的男人的情人」感到自豪和驕傲。希特勒不僅能夠滿足她的物欲，更重要的是在一定程度上也能滿足她的虛榮心，更何況有朝一日也許真能當上總理夫人呢！因此，愛娃不會輕易放棄希特勒。失去了希特勒，她的人生也就失去了意義。

作為希特勒情人的愛娃終究偶爾還能夠享有參加一般人不能參加的高層活動的機會，前面提到的在紐倫堡舉行的納粹黨代會就是一例。一九三八年五月，她還作為納粹德國代表團的一員，跟隨希特勒訪問了當時的法西斯義大利。和黨代會時一樣，愛娃的身份不是納粹黨的代表，不是納粹德國的官員，更不是希特勒的情人，而是總理府眾多的女秘書中的一個。

義大利之行，對於希特勒來說，意義非常重大，他要和法西斯義大利結盟，實現自己統治全球的野心。因此，訪問隊伍特別龐大。五百人分別乘坐三輛專列，浩浩蕩蕩地踏上了赴羅馬（Roma）的旅程。

訪問之前的準備工作做得非常充分細緻，從外表到內容都一一安排妥當。出發之前好幾個星期，希特勒就專門請他器重的舞台設計師阿倫特為代表團的男士設計統一制服，然後請柏林最好的幾個裁縫為各人量體裁衣，最後由納粹外交部長里賓特洛甫（Joachim Ribbentrop）的太太鑑定通過。白天制服為深藍色，配上金色鈕扣；要是參加什麼慶祝活動，就胸系銀色飾帶，身佩寶劍；參加晚宴穿的晚禮服則是深藍色的燕尾服。女士的服裝倒是沒有統一的標準，於是每個人都各顯其能，忙於定制服飾，她們要和同行的女人們比個高低，這著實讓柏林的那些時裝名師們傷透了腦筋。

本來就好打扮的愛娃此時如魚得水，忙碌中顯得尤其興奮，她終於有機會展示希特勒送給自己的昂貴首飾，穿上她精心挑選的華麗服裝。行李當中，更沒有忘記帶上照相機和攝影機。

義大利對希特勒的來訪同樣非常重視，迎賓儀式十分隆重。到車站迎接的，除了義大利法西斯黨黨魁、政府首相墨索里尼（Benito Mussolini），還有國王維克多・埃馬努埃爾（Victor Emanuel III）。賓主一行乘上豪華的馬車，緩緩穿過夜色降臨、燈火輝煌的古城羅馬，在一片歡呼聲中招搖過市。

愛娃不能和希特勒一起參加正式的訪問活動，她和同去的姐姐、妹妹由專人陪同，遊覽羅馬和那不勒斯（Naples）兩地，參觀名勝古蹟，所到之處，都用攝影機拍下了看到的一切。

墨索里尼還是瞭解到希特勒的情人也在訪問團裡，甚至還打聽到她的嗜好，讓人送給她一隻精緻昂貴的鱷魚皮箱，裡面裝滿了各式各樣的化妝用品。

義大利之行結束後，愛娃的生活一如既往。購買首飾衣物、每天更換幾套衣服、讓司機開車出去兜風拍照，日子就這樣一天天地過去了。

一九三九年九月，第二次世界大戰全面爆發②。一開始，愛娃居住的山莊別墅猶如世外桃源，沒有受到什麼影響。別墅的管家赫伯特・德林回憶二戰開始後愛娃的生活時說：「存貨夠用的時候，愛娃・布勞恩的生活和以往沒有什麼兩樣。戰爭開始的時候我們有很多存貨，能用上好幾個月。」愛娃對外面發生的事情知之甚少，也沒有多大興趣。如果有人向她詢問外面發生的事情，愛娃或是故意岔開話題，顧左右而言他，或是將手指放在嘴邊，示意對方不要再問下去了。

---

②是年九月一日，納粹德國閃電攻擊波蘭，為二戰拉開序幕；九月三日，英、法對德宣戰。——編按

在家不談政治，這很有可能是希特勒和情人達成的協定，對愛娃來說也是求之不得。她最關心的，始終是希特勒是否愛她，穿的衣服是否合身。

即便愛娃聽到什麼駭人聽聞的事，或是有人上門求援，她都表現出一副事不關己、麻木不仁的態度。朋友中曾有人求她幫忙開個後門，讓自己的兩個當兵的兒子離開硝煙彌漫的前線，回到後方，以免一死。愛娃卻說：「你應該為你的兒子為祖國戰鬥感到自豪。」曾教過她的修女為使修道院免遭納粹襲擊向這位當年的學生求助。愛娃表面上滿口答應，實際上卻無動於衷。曾埋怨情人言不守信的愛娃，這時卻無條件地站在希特勒一邊，對求助者冷若冰霜、漠不關心。對於愛娃而言，又有什麼比情人的愛和她的那些愛好更重要呢？

說起情人的愛，愛娃也許還會慶幸有這麼一場大戰，因為正是戰爭把希特勒的視線從別的女人那裡引開了。

戰爭爆發之前，希特勒每年都要在總理府舉行盛大宴會，招待文藝界人士，其中不乏年輕漂亮的女演員、女歌手、女畫家。她們天生麗質，身著華麗的晚禮服，顯得光彩奪目。她們中有不少人崇拜希特勒，希特勒也很樂意穿梭於她們中間，發表長篇大論。此外，他與那幾個異性朋友也時有來往。凡此種種，當然都引起愛娃的不快。

戰爭爆發以後，希特勒忙於戰事，無暇顧及藝術，一年一度的藝術家招待會也就擱了下來。一九四〇年以後，希特勒和他的知音、瓦格納音樂節總監威妮弗雷德・瓦格納再也沒有見過面；曾拍攝多部紀錄片為希特勒歌功頌德的女導演萊妮・里芬施塔爾幾乎和希特勒失去了聯繫；希特勒的知己、納粹宣傳部長太太瑪格達・戈培爾忙著撫養兒女、參與一些和戰爭相關的社會活動；希特勒的英國女友尤妮蒂・米特福自殺未遂，返回英國。

在這種情況下，愛娃很自然地成為希特勒身邊最重要的女性。及至第二次世界大戰接近尾聲的一九四四年，希特勒和情人的關係更加穩定。愛娃不必因為別的女人而吃醋，對希特勒更是忠心耿耿。

一開始堅決反對愛娃和希特勒交往的布勞恩夫婦後來也改變了主意。愛娃去慕尼黑看望父母的時候，父親不再像以前那樣表現出對女兒的不滿和失望，不再沈默寡言或是一走了之，他甚至開始對女兒有這麼個「準丈夫」感到自豪。和當時大多數德國人一樣，弗里德里希被希特勒煽動性的言論以及納粹黨的宣傳攻勢所打動，以為希特勒真的能夠拯救德國。他漸漸對希特勒產生了好感。一九三九年，就在二戰全面爆發的前夕，愛娃的父親還加入了納粹黨。愛娃的母親為父女和解、家庭團圓感到高興。她雖然不再對女兒和希特勒結婚抱有希望，卻為女兒能和帝國總理在一起感到驕傲，更為自己能夠憑藉著女兒往來於上層社會而得意忘形。此時的弗蘭齊絲卡可謂越活越年輕。

布勞恩家的小女兒格蕾特也成了姐姐和希特勒關係的「受益者」。經愛娃撮合，在戰火彌漫的一九四四年初夏，格蕾特和納粹黨親衛隊（SS, Schutzstaffel）頭目希姆萊（Heinrich Himmler）的聯絡官、親衛隊分隊長赫爾曼・費格萊因（Hermann Fegelein）訂下終身。

一九四四年七月二十日，幾名軍官試圖暗殺希特勒失敗③。愛娃在別墅聽到消息後焦急萬分。她給在柏林的希特勒寫了這樣一封信：

> 親愛的，……得知你身在危險之中，我害怕得要死。你盡快回來吧，我快要發瘋了……你知道，我總是跟你說，要是你有三長兩短，我也會死。從第一次見到你的時候起，我就發誓跟你到任何地方，哪怕是死。你知道我只為了你的愛而活著。
>
> 你的愛你的愛娃。

---

③係指德國軍官克勞斯・馮・史陶芬堡（Claus Schenk von Stauffenberg）刺殺希特勒的事件。——編按

從這封信中我們可以看出，愛娃早已作好了與希特勒同歸於盡的打算。那時的她雖然還沒有想到最終真的有這樣的結局，但她卻已作好了和希特勒同生共死的思想準備。

現實也讓愛娃慢慢地感受到戰爭的殘酷：女友的丈夫和兄弟們紛紛戰死在前線；她走在慕尼黑街上，不時會遇到空襲，不得不和普通百姓一起躲進擁擠的防空洞；她發現情人神情焦慮，但他從不向她透露片言隻語；她疑惑不解，希望希特勒的秘書特勞德爾・容格給她一個答案，但發現後者同樣一無所知、茫無頭緒。而攝影師霍夫曼的女兒亨里埃特向她提出的問題更觸到了她的痛處，使她感到末日將臨。

那是一九四四年接近尾聲的時候，亨里埃特最後一次見到愛娃，問她戰爭結束後怎麼辦。愛娃的回答非常堅決：「那我就和他一起去死。我知道如果戰敗，我們面臨的將是什麼。」

亨里埃特卻提出，愛娃是希特勒的情人這一事實，除了少數幾個人，無人知曉。既然希特勒在位的時候，她無緣在正式場合拋頭露面，如今希特勒滅亡在即，愛娃完全可以在戰爭結束前逃之夭夭。

對於亨里埃特提出的建議，愛娃自然感到逆耳，甚至頗為惱怒地說：「我永遠永遠不會這樣做。你是要我讓他一個人去死？我已經仔細想過了，我要和他在一起，直到最後一刻。沒有人能夠阻攔我。」

帶著誓與希特勒同生死的決心，愛娃於一九四五年四月上旬從山莊來到柏林，這是她三十三年人生的最後一次旅行。像以往出門一樣，愛娃攜帶著一隻又大又重的皮箱，裡面裝滿了她心愛的首飾、衣裙、鞋子。她不是不知道自己已是死到臨頭，但是，漂亮完美的外表是她一生的追求，在這人生最後時刻，她也無法放棄。何況，現在更有理由打扮一番，因為自己成年以後的最大願望很有可能即將實現，那就是成為希特勒太太。

愛娃和希特勒以及他的死黨一起躲在總理府的地下避彈室裡。從四月上旬來到柏林，到四月底自殺身亡，愛娃在希望和絕望的交替中度過了三個多星期，這二十幾天時間對她來說是度日如年。在地下室，他們時而聽到蘇聯紅軍攻打柏林的陣陣炮聲，時而得到希特勒的部下逃跑或者投降的消息。在臨死前一周的四月二十二日，愛娃深感納粹政權的末日即將來臨，於是給最要好的女友赫爾塔・施奈德（Herta Schneider）寫了一封訣別信：

我親愛的小赫爾塔！

這大概是我寫給你的最後幾行字，也是我給你的最後音訊了。我們在這裡戰鬥到了最後，但是末日恐怕越來越近了。我為領袖而感受到的痛苦，這裡無法向你描述。請原諒我寫得很亂，戈培爾家的六個孩子就在我身邊，他們實在是不得安寧。我還要跟你說什麼呢？我弄不明白事情怎麼會是如今這個樣子，上帝是沒有人相信了。送信的在等著呢，祝你一切一切都好，我親愛的朋友。向父母問好，讓他們回慕尼黑或者特勞恩施泰因（Traunstein）。問朋友們好，我是生也如此，死也如此，沒有什麼難過的，這個你知道。問候大家，親吻大家。

你們的愛娃

在得知我們死亡之前請先不要暴露這封信。我知道我要求你做的太多，但是你很勇敢。也許一切又會轉危為安，但是他已經失去了信心，恐怕我們的希望都是徒勞的。

顯然，早已作好最壞打算的愛娃臨死都沒有完全弄清為什麼會有如此結局。她的心中只有一個信念：活著是希特勒的人，死了是希特勒的鬼。

就在愛娃日益絕望的時候，又一件令她痛心的事發生了：她的妹夫赫爾曼・費格萊因出於求生的本能，喬裝打扮，準備逃走，甚至還試圖說服愛娃和他一起離開。四月二十七日，希特勒派人逮捕了他。費格萊因希望能和希特勒見上一面，以求從輕處分，卻遭到這個「準姐夫」的拒絕。次日，傳來了納粹黨衛隊頭目希姆萊投降的消息，希特勒下令槍決了身為希姆萊親信的費格萊因。

得到費格萊因的死訊，愛娃首先想到的是自己心愛的妹妹格蕾特。此時的格蕾特身懷六甲，正是需要丈夫在自己身邊的時候，不料一夜之間竟成了寡婦，他們的孩子一出生就將是個沒有父親的孩子。愛娃知道是希特勒作出嚴懲費格萊因的決定的，卻沒有在希特勒面前替妹夫求情。事發後，愛娃唯一的願望就是不想讓格蕾特知道是希特勒下令處死她的丈夫。此時的愛娃，非但沒有看清希特勒殘酷的真實面目，反而覺得是他的手下背信棄義。

就在妹夫費格萊因被處死幾小時後的四月二十八日半夜至二十九日淩晨，愛娃和希特勒在總理府的地下避彈室舉行了婚禮。他們臨時找來了主婚人，納粹宣傳部長戈培爾和希特勒在山莊別墅的秘書兼辦公室主任博爾曼為證婚人。

在結婚證書上簽名的時候，由於緊張、激動，愛娃落筆時先寫了「愛娃・布」，但馬上又將其劃去，寫上了「愛娃・希特勒」。

新娘等了十幾年，就是為了和希特勒結婚，擁有希特勒這一姓氏，這期間忍辱負重，兩次試圖結束自己的生命。如今終於如願以償，等到了這一天，她怎能不緊張，怎會不激動？她不僅深感幸福，而且還希望別人和她分享。結婚前，她對希特勒的秘書特勞德爾・容格說：「我敢打賭你們今天晚上準會流淚。」她指的是因為自己和希特勒結婚特勞德爾會激動得掉眼淚；結婚後幾小時，愛娃又不無自豪地對女傭說：「你儘管叫我希特勒太太好了。」

而新郎則在新婚之夜向秘書口述了遺囑：

在過去的戰鬥年月裡，我認為我無法承擔婚姻給我帶來的責任。如今在我的生命行將終結之時，我決定娶在給了我多年忠實的友誼，又自願來到幾乎被圍困的城市和我共同分擔命運的姑娘為妻。她自願作為我的妻子和我走向死亡，這死亡代替了我們因為我為我的人民效勞所被剝奪了的……為了免遭逃亡和投降的恥辱，我本人和我的妻子甘願一死。我們的願望是在我任職十二年期間完成絕大部分工作的地方就地焚燒。

做了不到四十八小時新娘的愛娃・希特勒，於一九四五年四月三十日下午在總理府的地下避彈室，坐在希特勒房間的沙發上吞下了毒藥，結束了她三十三歲年輕的生命。希特勒坐在愛娃身邊，用槍口對準了自己的太陽穴，結束了罪惡的一生。

與希特勒交往的眾多女性，無論是瓦格納的兒媳婦、後來成為瓦格納音樂節總監的威妮弗雷德・瓦格納，還是女導演萊妮・里芬施塔爾，或者是瑪格達・戈培爾，多多少少都為希特勒鞏固政權、侵略擴張出了一份力。

唯有愛娃和她們不同。在第三帝國的歷史中，愛娃是個無足輕重的人。除了希特勒身邊的少數人，沒有人知道她是希特勒的情人。無論上街購物，還是出門旅行，她都是個普通女子，不怕有人認出她，更不必有隨從保鑣。她和希特勒共同生活了十幾年，但她對情人的「事業」不聞不問，毫無興趣，希特勒也不和她談論政治。她沒有政治野心，從未加入納粹黨，既沒有能力給希特勒出什麼主意，也沒有興趣替納粹黨做什麼事。愛娃的一生的愛好不外乎穿著打扮和體育運動，成年後最大的心願則是從希特勒的情人變成希特勒太太。儘管希特勒並不尊重她的感情，很使她失望，但她沒有因此離開希特勒。最後，眼看希特勒死到臨頭，她卻心甘情願地和希特勒同歸於盡。愛娃這樣做的動機究竟是什麼？

希特勒的最後一位秘書特勞德爾・容格說：「她生前一直是生活在陰影之中，也沒有什麼機會改變這一點。我想，她的想法是至少要作為一個英勇的情人，作為領袖夫人載入史冊。我認為，正是這個想法給了她力量。」愛娃的表妹格特勞特・魏斯克爾則說：「她想當中心人物，這點其實她也做到了。只是在希特勒那裡，她不是中心，總要靠邊站，一直到死才又重新成了中心。」

是的，愛娃最終確實當上了希特勒太太，成為舉世矚目的「中心人物」，但付出的代價是巨大的：她為此過早地走完了人生之路，而歷史卻沒有按照她的意願書寫。死後她不僅沒有留下什麼好名聲，而且因為希特勒的緣故，成了為世人唾棄的女人。

愛娃的一生是個悲劇。而在布勞恩家，悲劇並沒有因為愛娃之死而結束：愛娃的妹妹格蕾特在姐姐自殺後不久生下一女，取名愛娃。這個布勞恩三姐妹中唯一的後代，在二十七年後的二十世紀六〇年代，也步其同名姨媽的後塵，為了一個男人自殺身亡，死的時候比當時的愛娃・希特勒還要小六歲。

3

癡情的英國籍女友

尤妮蒂・米特福德

出身英國名門望族的尤妮蒂・米特福德，
對希特勒無限的忠貞、狂熱地崇拜。
希特勒不僅是尤妮蒂愛慕的男人、崇拜的領袖，
還幾乎成了她敬仰的「上帝」！

Unity Mitford
1914-1948

一九三九年九月一日，納粹德國入侵波蘭，兩天後英國和法國對德宣戰，第二次世界大戰全面爆發。當時，在德國的英國人都已撤回英國，就連英國駐德使館、領館也空無一人。然而，有一個名叫尤妮蒂·米特福德（Unity Mitford）的年輕英國女人卻留在了慕尼黑。此人在德的身份是大學生，六年前註冊入學，但已有好幾年沒有踏進學校的大門了。

聽到戰爭爆發的消息，尤妮蒂來到慕尼黑納粹黨總部，將一個碩大的信封交給了她認識的黨總部頭目，請他把信轉交給希特勒。隨後，她神情恍惚地走向此時已無人光顧的英國公園（Englischer Garten），在一張長凳上坐下，慢慢地掏出早已準備好的小手槍，閉上雙眼，對準了自己的太陽穴。

子彈並沒有打中要害部位，尤妮蒂被人送進了醫院。住院期間，獲悉情況的希特勒給醫院打電話以示關心，並讓人送去鮮花，後來還親自到醫院去看她。

尤妮蒂出身名門望族，在她的親友中不乏貴族和著名人物，如第二次世界大戰時期出任英國首相的邱吉爾（Winston Churchill）是尤妮蒂的姑父；而一九五〇年諾貝爾文學獎得主，集哲學家、數學家、邏輯學家、教育家於一身的羅素（Bertrand Russell）則是尤妮蒂的遠房表兄；另一位也姓羅素的表兄第二次世界大戰結束後在審判納粹分子的紐倫堡國際軍事法庭擔任檢察官，五〇年代撰寫和出版了不少著作。這些人因他們在特定的領域，為人類作出的貢獻而名垂青史，尤妮蒂卻因她的反動的法西斯行徑而聲名狼藉。

那麼，這個英國女人究竟和希特勒有什麼關係？她緣何在二戰伊始開槍自殺呢？

尤妮蒂・米特福德於一九一四年八月出生在英國的一個貴族家庭，祖父伯悌・米特福德（Baron Mitford）是英國十九世紀出色的外交官和日本問題專家，常年在聖彼得堡、東京、羅馬等地任職。一九〇一年，英國維多利亞女王壽終正寢，她的兒子愛德華在等了長達四十年之後，終於繼承了王位，成為愛德華七世（Edward VII）。伯悌是愛德華青少年時期的知心朋友，兩人一直過從甚密。繼承王位不久，愛德華七世念及舊情，授予年屆六十五歲的伯悌貴族爵位，封為「里茲代爾男爵」（Lord Redesdale），伯悌也因此當上了參議院議員。當年，伯悌和一位名叫克萊門坦（Clementine）的小姐結婚的時候，還是一介平民，而女方則出身貴族世家，是蘇格蘭伯爵的女兒。為此，伯悌沒有少受丈母娘的白眼。這回有了貴族頭銜，總算可以揚眉吐氣了。

其實，伯悌雖然年近古稀才得到爵位，但是由於職業的關係，他交遊甚廣，結識了不少國內外名流，瓦格納家族就是其中之一。理查・瓦格納是德國十九世紀名聞遐邇的音樂家，一年一度的拜羅伊特瓦格納音樂節更是舉世矚目，瓦格納的兒子西格弗里德（Siegfried

Wagner）幾乎每年都邀請伯悌參加。在那裡，他又結識了老瓦格納的二女婿、英國同鄉豪斯頓・張伯倫（Houston Chamberlain）。張伯倫是當時著名的瓦格納研究者和種族研究者，他寫的《十九世紀的基礎》（*Die Grundlagen des neunzehnten Jahrhunderts*）等著作充斥種族歧視和反猶思想，後來被希特勒看作自己的理論先驅。伯悌對許多問題的看法與張伯倫一致。希特勒於一九二三年十月來到拜羅伊特，拜訪半身不遂、纏綿病榻的張伯倫；而張伯倫則把希特勒看作實現自己理論的「希望」，認為有這麼個希特勒，自己就死而無憾了。雖然此時伯悌已經作古，四年後，張伯倫也離開了人世，但是，祖父和瓦格納家族，尤其和張伯倫的交往和友誼，還是成了後來孫女尤妮蒂接近希特勒的跳板。

尤妮蒂的母親西德尼（Sidney）生於一八八〇年，幼年喪母，由父親一手撫養成人。父親原是報刊記者，曾創辦兩份雜誌（其中的一份婦女雜誌《女士》延續至今，仍在發行）。妻子去世後，他和兩個女兒幾乎形影不離，並且帶著她們常年在海上漂流。西德尼十四歲的時候，已是個亭亭玉立、嫵媚動人的少女，隨父親去看望老熟人伯悌・米特福德，見到了米特福德家的少爺大衛（David Mitford），她對這位年長自己三歲的翩翩少年一見鍾情。但這份戀情只不過是曇花一現，來得快，去得也快。十九歲的時候，早已將大衛忘得一乾二淨的西德尼，瘋狂地愛上了一位軍官，不幸的是此人後來在戰爭中陣亡。也許是出於無奈，一九〇四年二月，二十四歲的西德尼又回過頭來，嫁給了大衛，並於同年生下了長女南茜（Nancy）。孩子兩歲的時候，西德尼又愛上了另一個男子，打算和他一起私奔。由於捨不得拋下女兒，猶豫再三之後，只好作罷。後來，西德尼又和大衛生了五女一男。

伯悌去世後，大衛不僅繼承了父親「里茲代爾男爵」的封號，而且「頂替」父親成了英國參議院議員。同時，他還繼承了豪宅和大量地產。但是，父親卻沒有給兒子留下現金。第一次世界大戰結束後，米特福德家境每況愈下。大衛在加拿大的產金地買了一塊地皮，每兩年帶著妻子涉洋過海，企圖借此圓發財之夢。誰知運氣不佳，男爵夫婦沒有挖出什麼值錢的東西。更令他們沮喪的是，鄰近地皮的主人卻淘到了金子，成了百萬富翁。

尤妮蒂和她的五個姐妹、一個哥哥就誕生在這樣一個破落的貴族家庭。尤妮蒂排行第五，上有姐姐南茜、潘蜜拉（Pamela）、戴安娜（Diana）、哥哥湯姆（Tom），下有妹妹潔西嘉（Jessica）和黛博拉（Deborah）。他們生活的大莊園類似中世紀的城堡，外人望而生畏，不敢接近。莊園裡應有盡有：網球場、騎馬場、教室等等。孩子們八歲前的學習指導由母親承擔，以後則由家庭教師負責。除了獨子湯姆外，女孩中只有尤妮蒂去學校上過學。

「城堡」的主人、七個孩子的父母猶如這幢房子，陳腐僵化、墨守成規，不願意面對和接受新生事物，過著幾乎與世隔絕的生活。父親大衛一生都生活在恐懼之中，言行舉止令人不可思議。他害怕家庭變故和社會變革，害怕失去原有的地位；他仇視所有的外國人，無論是德國人、法國人、美國人，還是非洲人，他都分別起了綽號，以示藐視和敵意；他遇事敏感衝動，動不動就暴跳如雷，孩子和僕人都對他懼怕三分。他有時會毫無理由地將其中的一個孩子捧上天，這個孩子就可以隨心所欲，同時卻對另一個孩子又打又罵、橫加貶抑，這個孩子便不得亂說亂動。七個孩子就這樣輪換交替，整天提心吊膽，不知哪一天禍從天降。

母親西德尼雖不像父親那樣喜怒無常，但她冷漠、嚴厲、表情嚴肅，同樣令人畏懼。尤妮蒂的妹妹潔西嘉覺得母親屬於那種「人家從不會向她打開心扉，也不會向她傾訴夢想」的人。西德尼曾說自己僅僅為這七個孩子才活著，但實際上她對待孩子形同路人。孩子們從小由保姆帶大，雖然和母親生活在同一幢樓裡，但每天和她見面的時間很短。在他們的記憶裡，母親可望而不可及，從未擁抱或撫摩他們，從未向他們表示過母愛。西德尼雖然沒有像丈夫那樣打罵子女，但卻用另一種方式傷害他們。她喜歡面容俊秀、體型優美的女兒。其實她的孩子個個長相都很出色，但哪個女兒正巧處於成長階段，看上去不太順眼，她就會冷眼相待。

在沒有父母關愛的情況下成長的尤妮蒂和幾個姐妹，過著閉塞的生活，用潔西嘉的話來說，她們「就像被遺忘的部落，與世隔絕」。因此，這幾個漂亮的女孩生性孤僻，彼此漠不關心，也就不足為奇了。

大姐南茜在年過半百後曾說：「遇到生活中的暴行時，姐妹們可以互相保護。」南茜此話令她的妹妹們驚訝不已。事實上，身為老大的南茜對自己的幾個妹妹極不友好。她總是抓住她們的弱點捉弄她們、嚇唬她們，使她們對她望而生畏。難怪潔西嘉對大姐的這段話不敢苟同，對她來說，自己的姐妹，尤其是南茜，個個殘酷無情。潔西嘉還將幾個姐妹比作「被人用鏈子拴在一起、卻又不能相互忍受的動物」。

其實，米特福德家的其他幾個孩子比南茜也好不了多少。潔西嘉不到十歲的時候，向鄰居的孩子繪聲繪色地描述人是怎樣產生、嬰兒又是如何出生的，在道聽塗說的基礎上添油加醋，使得同伴們晚上惡夢不斷，家長們紛紛找上門來告狀。這樣一來，米特福德姐妹少有的幾次和外界接觸的機會也被取消了。

六個姐妹中，小妹黛博拉性格最為溫順、善良，但脾氣也相當古怪。小時候，她幾乎每天連續數小時坐在雞窩旁觀察母雞下蛋，並竭力模仿母雞下蛋時的痛苦表情；她每天都要細讀報紙刊登訃告的版面，並把有關死嬰的資訊集中記錄在一本本子上。

而本章的女主人公尤妮蒂則是兄弟姐妹中最失寵的一個。她常常遭到脾氣暴躁的父親的毒打。尤妮蒂的一個表兄回憶道：「她調皮搗蛋已到了專業程度，在被罰棒打上沒有誰超過她。」打罵並沒有使善於惡作劇的尤妮蒂改邪歸正，反而使她越來越變本加厲。她經常會有一些常人無法想像的出格之舉，藉此引起別人的注意。她曾經編造了一則淒慘悲涼的故事，捉弄善良而又膽小的黛博拉，一遍遍地講述，一次次地幸災樂禍；她知道家庭教師最怕蛇，就用蛇把她嚇暈過去。尤妮蒂的種種不良行為，導致她在十六歲時被學校開除。關於其中的細節，眾說紛紜，有人說是因為她侮辱老師，也有人說是由於她褻瀆上帝。

同齡人這樣回憶當時的尤妮蒂：「她對別人漠不關心，她並不幸福，一點兒也不幸福，我的大部分女友都討厭她。她總要有人作伴，想瞭解別人想什麼，但又隱瞞自己的感情。因為她自己從未感受到愛，所以她很冷酷。對於她後來自殺，我並不感到驚訝。」

尤妮蒂在父親的鞭打、母親的白眼下度過了十八歲生日。英國貴族女子年滿十八歲時，都要參加一種特殊的重要儀式，那就是去白金漢宮（Buckingham Palace）接受國王和王后的祝福。她們大多由母親和大姐相伴，先戴上款式一致的鴕鳥絨頭飾，然後乘坐租來的豪華賓士汽車，向白金漢宮徐徐進發。對於貴族女子來說，這種儀式的誘惑力恐怕不在於國王召見本身，而在於儀式之後。因為從此她們就可以享受前所未有的自由，白天可以獨自出門，晚上可以參加舞會，正式進入上層社交場合。同時，這也意味著她們可以開始選擇男友，繼而結婚成家、生兒育女。

尤妮蒂對即將到手的自由有著與眾不同的打算。這個從小倍受冷落、很少與外界接觸的女子，就像一頭尋找獵物的餓狼，急切地等待這一天的到來，策劃著如何用令人噁心的超常舉動，在公眾場合尋釁滋事，引起眾人的注意。在白金漢宮接受召見時，她乘人不備，偷走了一疊印有王室印章和地址的國王專用信封，並用它們給自己的朋友熟人寫信。她想到他們收到信時驚詫不解的表情，就會暗自得意一番。她頻繁出入倫敦上層舞會，卻並不是為了跳舞消遣，也不是為了尋找如意郎君，而是要來點「驚人」之舉。她特意購置讓人一眼就能看穿的廉價假鑽石項鏈和耳環出入上流社會，穿梭於滿身珠光寶氣的貴婦和穿著時髦的闊少之間，讓母親丟盡臉孔。她身上藏著老鼠和蛇來到晚會，在人們舞興正濃之時，出其不意地將這兩個令人毛骨悚然的動物扔向舞場。正在跳舞的青年男女們四處逃散，一片驚叫混亂。這時，尤妮蒂就會幸災樂禍，她參加晚會的目的算是達到了。

就這樣，尤妮蒂頻繁地參加舞會，以這樣一些令人作嘔的惡作劇來滿足報復心理，填補極度空虛的心靈。但是時間一長，她對這樣的「遊戲」已經厭倦，她要尋找更大的刺激，用潔西嘉的話來說，「她要尋找比倫敦舞會更令人亢奮、更吸引人的東西——尋找父母禁止的東西、令人震驚憤慨的東西。」

尤妮蒂的三姐戴安娜給了她這樣一次機會。

戴安娜比尤妮蒂大三歲。一九二九年，十八歲的戴安娜和一個名叫布賴恩·吉尼斯（Brian Guinness）的小夥子訂下終身，他們的婚禮當時在英國轟動一時。其原因在於吉尼斯家族是英國首屈一指的富豪，他們擁有土地萬頃，壟斷著整個英國的啤酒業和威士忌酒業。吉尼斯家族不僅有錢，而且有勢：布賴恩的父親是一九二四至一九二九年的英國農業部長。而新郎既是未來萬貫家產的繼承人、前途無量的法律學家，還是一位多愁善感的詩人和作家。這一對青年男女可謂郎才女貌、門當户對。關於兩人的感情基礎，傳記作家們一般認為，布賴恩為戴安娜的姿色所動，是因為愛她而娶她為妻。至於戴安娜是否也是出於愛情而嫁給布賴恩，這一點已很難考證。毫無疑問的是，結婚使戴安娜擺脱了父母嚴厲的管束，離開了令人窒息的家庭，給了她前所未有的自由。

盛大的婚禮結束後，新婚夫婦成了倫敦上流社會引人注目的一對。他們熱情好客，舉辦各種名目的舞會、酒會，豪宅裡經常燈火通明、賓客盈門。他們的一言一行、一舉一動，成了街頭小報的新聞，是人們茶餘飯後津津樂道的話題。

戴安娜和布賴恩在一起共同生活了三年多，生有兩個孩子。天長日久，戴安娜漸漸厭倦了婚後的生活和整日愁容滿面的丈夫，最終愛上了一個名叫莫斯利（Oswald Mosley）的有婦之夫。一九三二年十一月的一天，戴安娜帶著兩個年幼的孩子走上了母親西德尼二十多年前想走卻沒有走的路。莫斯利就是尤妮蒂後來走上法西斯之路的關鍵人物。

可以說，莫斯利是個徹頭徹尾的投機政客。第一次世界大戰的戰火剛剛熄滅，二十歲出頭的莫斯利繼承了祖父的遺產，在倫敦的富人區租了一間豪宅，進入上流社會。經人引薦，莫斯利躋身政界，二十二歲就成了當時英國最年輕的議員。他先加入英國保守黨，接著為自由黨助選，不久之後，他又搖身一變，成為英國工黨黨員，並於二十世紀二〇年代末出任部長。一九三一年三月，莫斯利又與工黨決裂，乾脆自己組建「新黨」。而「新黨」好景不長，在幾個月後的大選中一敗塗地，自行消亡。

莫斯利並沒有就此甘休，他開始尋找新的政治方向。這時，有兩個人成了他的榜樣和偶像：一個是義大利法西斯墨索里尼，另一個是德國納粹希特勒。一九三二年十月，莫斯利糾集了一小撮人，組建了「英國法西斯聯盟」（BUF, Brithish Union of Fascists），採取「拿來主義」（魯迅語），從形式到內容都竭力仿效德意同類：他們一律身著黑色襯衣，讓人聯想到義大利的黑衫黨；兩個英國法西斯分子相遇，都會伸出右臂大喊一聲：「嗨，莫斯利」，就像兩個德國納粹見面高叫「嗨，希特勒」一樣。

從時間上看，戴安娜就在莫斯利正式成為英國法西斯領袖之後一個多月棄夫攜子，來到他的身邊。不過，戴安娜清楚地知道自己並不能公開和莫斯利在一起，因為她所愛的人是有婦之夫、三個未成年孩子的父親。莫斯利的妻子辛西婭（Cynthia Curzon）非等閒之輩，她出身貴族，父親曾是英國外交部長，本人也當過議會議員，同時代人稱讚她聰穎過人、善於言詞、平易近人，但她有一大弱點，那就是對丈夫唯命是從。在政治上，她跟隨丈夫從保守黨「流浪」到工黨，最後也進了「新黨」。但她對法西斯卻恨之入骨，因此這一回她毅然走自己的路：沒有加入「英國法西斯聯盟」。儘管如此，莫斯利並不想因為戴安娜而和妻子兒女分手。戴安娜對此從一開始就不抱有奢望，照她自己的話說，她只想在莫斯利需要自己、有時間給自己的時候待在他的身邊。

戴安娜的離家出走同當年她和布賴恩的婚禮一樣轟動一時，大小報紙將此作為爆炸新聞爭相報導。對於尤妮蒂的父母里茲代爾男爵夫婦來說，戴安娜放著好好的富貴日子不過，跟一個有婦之夫鬼混，可謂大逆不道，更何況對方是他們憎恨的法西斯頭目，讓他們丟盡了臉孔。他們從此不讓戴安娜踏進娘家之門，也不允許她的三個妹妹和她來往。但這一規定對尤妮蒂已無濟於事，因為此時的她正好年滿十八，父母已無法管束她的行動。這樣，百無聊賴而又一心尋找刺激的尤妮蒂將「反叛」的姐姐看作自己的榜樣，她成了戴安娜家的常客，並在那裡認識了莫斯利。

一九三三年初夏，尤妮蒂在戴安娜家正式加入了英國法西斯黨，入黨介紹人正是她的準姐夫、該黨頭目莫斯利，尤妮蒂興奮異常。她很快發現，自己穿上英國法西斯制服招搖過市，比在舞場上的惡作劇更具挑釁性，更讓父母驚惶失措。她以此為樂，慶幸自己找到了歸宿。至於法西斯究竟是怎麼回事，對她來說並不重要。她當時的一位朋友、經常和她一起參加舞會的舞伴後來回憶道：「我一直有這樣的印象，那就是她下定決心去做和一切習俗相悖的事。她具有很強的男人特性，定期去牛津參加英國法西斯聯盟大會。她身穿黑色襯衣這一點不可當真。她酷愛挑釁，因為她覺得挑釁具有革命性。她完全受戴安娜的影響，有時對她很不利……看到她跟什麼樣的人交往，真讓人感到惋惜。她佩戴法西斯徽章是為了折磨父母，看得出她在盡情享受這幸災樂禍的挑釁。她不是那種好思考、愛提問的人，牛津那些法西斯分子給她的一切，她都不加思考，統統照收不誤。」

就在尤妮蒂對英國法西斯黨狂熱追隨、唯命是從之時，希特勒奪權成功，當上了德國總理。她和戴安娜在英國認識了納粹德國政府外國新聞局頭目漢夫施登格爾（Ernst Hanfstaengl），多次聽他為希特勒高唱讚歌。尤妮蒂因此萌生了結識希特勒的念頭，她要親眼一睹他的「風采」，親耳聆聽他的「教導」。

要達到這一目的，尤妮蒂必須先去德國。她的這一願望很快得以實現。她向父母謊稱自己想去德國南部城市慕尼黑學習語言，希望得到他們的同意和經濟上的支持。男爵夫婦欣然應允，這使許多人疑惑不解。其實，當時他們對法西斯及其黨徒沒有任何好感，更不希望尤妮蒂和德國納粹來往。但是，他們為尤妮蒂突然表現的求知欲感到欣喜，同時也為能夠暫時擺脫這個在倫敦上流社會丟人現眼的女兒而慶幸。他們再也無法忍受那個在舞會上出其不意從口袋裡掏出老鼠和蛇的女兒，也無法忍受那個佩戴假珠寶招搖過市的尤妮蒂。

這樣，一九三三年八月的一天，尤妮蒂和戴安娜一起乘上了開往德國慕尼黑的列車。她們選擇去慕尼黑而不去首都柏林自有她們的道理：一來慕尼黑有納粹黨總部，二來她們的老熟人漢夫施登格爾也在那裡。一下火車，姐妹倆迫不及待地徑直奔向納粹黨總部，急切地想見到「領袖」。這一回，她們未能如願。希特勒及其黨徒正在為月底即將召開的紐倫堡納粹黨代會作緊張的準備工作，哪有時間和精力顧及這兩個來路不明的英國女子。後者並沒有因此而氣餒。她們找到漢夫施登格爾，希望能夠通過他開個後門。出身富家的漢夫施登格爾曾在希特勒落難之際伸出援助之手，算得上是患難之交，同時他受過高等教育，彈得一手好鋼琴，因為常在「領袖」勞累之時為他奏上一曲而頗得器重。但這一回，漢夫施登格爾也未能滿足她們的願望。不過，他還是給她們弄到兩張紐倫堡黨代會的入場券，熱情地邀請她們參加，姐妹倆欣然接受了邀請。

里茲代爾男爵夫婦得知兩個女兒參加納粹黨代會的消息，傷透了腦筋。他們認為女兒是誤入歧途，卻又無可奈何。一九三三年九月初，就在紐倫堡黨代會結束之際，男爵給戴安娜寫了一封信：「你和博多（Bodo，尤妮蒂的昵稱）一起接受被我們看作寄生蟲的殺人團體的熱情款待，我和你母親深感震驚，這一點恐怕不說你也知道。……我們兩人對你和那些人同流合污憂心忡忡，但是除了重複那些你已經知道的話，我們別無他法。我們能做的，或者說無論如何要試一試的是：博多不得和那些人有什麼瓜葛，她必須擺脫他們。」

但是，這封信已無濟於事。尤妮蒂雖然未能和希特勒相對面談，但是希特勒極富煽動性的言語以及觀眾狂熱的反應對她的震動是巨大的，她對希特勒一見傾心，不然，她不會在會後說這樣的話：「當我第一次看到阿道夫・希特勒時，就馬上知道，我最願意和他待在一起。」

於是，尤妮蒂在慕尼黑安營紮寨，等待著和希特勒相識的那一天。她知道性急不得，不然就會事倍功半；她也知道自己雖然在倫敦上流社會小有名氣，但在德國卻是無名之輩，唯一的辦法是耐心等待，做好周密的準備，同時尋找機會。她先在語言學校和大學註了冊，她要盡快學會德語，以便有朝一日能和希特勒交流思想。為了瞭解希特勒的行蹤，她煞費苦心，或是搜尋報紙上有關希特勒的消息，或是直奔慕尼黑納粹黨總部，和在門口守衛的士兵套套近乎，探聽有關希特勒的行蹤。當她從自己的德語老師那裡瞭解到希特勒經常光顧「巴伐利亞小飯館」（Osteria Bavaria Statt）時，欣喜若狂，乾脆也成了這家小飯館的常客。

只要一瞭解到希特勒哪一天有可能去「巴伐利亞小飯館」，尤妮蒂就會放棄原先的安排，直奔小飯館。事實上，如今她已不是那個喜歡泡舞場、喜歡惡作劇的尤妮蒂，和希特勒結識成了她追求的最高目標。為了實現這個目標，這個英國貴族小姐可以說是全力以赴，她的毅力和耐心著實不同尋常。有時戴安娜也在慕尼黑，姐妹倆就會結伴同行。後來，戴安娜這樣回憶當時的情形：「只要一瞭解到希特勒有可能去飯館，我們倆就直奔而去。他從未在下午兩點以前到達，總有幾個副官或朋友陪著。他們分乘幾輛賓士汽車，到達以後，希特勒和他的隨從總是固定地坐在靠邊的那張桌子上。這世界上沒有任何事情能使尤妮蒂在他之前離開飯館。希特勒離開時幾乎和她擦身而過給她帶來了極大的快樂，為此她會興高采烈地等上一個多小時甚至更長的時間。」

這期間，尤妮蒂曾幾次回英國探親。每次回去，認識她的人都對她的變化之大深感驚訝。一九三三年盛夏第一次參加納粹黨代會後，她的一位英國朋友注意到她已是個徹頭徹尾的反猶太主義者了。另一次回去，她得意洋洋地告訴女友，自己在慕尼黑時，有一位老太太向她問路，看見老人吃力地背著一袋沉甸甸的行李，步履艱難，她便故意指向相反的方向。她如此缺德的原因，在於她認為這位老太太是猶太人。而那時莫斯利還未將反猶排猶納入英國法西斯黨的黨綱。可以說，尤妮蒂的思想和行為在英國同黨中實屬超前。

只要一回到慕尼黑，尤妮蒂又開始對希特勒的跟蹤，去得最多的，恐怕還是那家不起眼的小飯館。她坐的桌子也是固定的，在壁爐旁，正對著希特勒包下的那張桌子，這樣，她可以清楚地看到他的一舉一動，希特勒只要稍一抬頭也能看見自己。為了探聽更多有關希特勒的情況，她還和小飯館的女侍打得火熱，甚至不惜小費。但是，希特勒一開始並不搭理這個「執著」的崇拜者。他並不是沒有注意到這個身材高大、年輕漂亮、時常對自己投以甜美微笑的女子，他甚至猜出她來自英國上層家庭，但他著實讓她坐了一段時間的冷板凳。

這不打緊，尤妮蒂有的是時間，有的是耐心，有的是毅力，更何況她堅信自己的努力不會白費。她充滿自信地說：「只要我常去那裡，並且坐上足夠的時間，總有一天他會注意到的。」

果然，功夫不負有心人，這一天終於來到了。女侍告訴尤妮蒂：「領袖問我您是誰。」尤妮蒂聽後興奮異常，她急切地說：「真的嗎？但願您不僅告訴他我是英國學生，還告訴他我是英國法西斯。」

此時，希特勒大致瞭解到尤妮蒂的確切身份，他開始在踏進或離開飯館時向她點頭致意，尤妮蒂對此受寵若驚。她詳細地將希特勒向她表示的哪怕是點滴微妙的表情、動作都記錄在日記裡，並標明日期和時刻。她知道，自己正在一點一點地靠近德國之行的目標。

轉眼到了一九三五年，尤妮蒂來到德國已經一年有餘。尤妮蒂在日記裡稱一九三五年二月九日這一天為自己「一生中最美好、最奇妙的一天」。她如此激動亢奮的緣由已不難猜出——她終於和自己崇拜的希特勒對上了話。

這一天，尤妮蒂照例興致勃勃地來到小飯館，照例在那張壁爐邊的桌旁坐下。希特勒和部下來到後不久，便讓侍者傳話，請尤妮蒂和自己坐在一起。他們談論的話題天南地北，不僅說起瓦格納音樂節、倫敦的建築、希特勒準備在紐倫堡大興土木的打算，還提到第一次世界大戰，當然也少不了針對猶太人的惡毒言論。尤妮蒂戰戰兢兢地請希特勒在印有他本人照片的明信片上簽名留念，並顫抖地握著筆，寫下了自己的地址。希特勒邀請她一起參加當年的瓦格納音樂節，尤妮蒂則建議他去英國看看。最後，希特勒讓侍者將尤妮蒂當天的用餐費算在自己的帳單上。

第二天，尤妮蒂所做的第一件事，就是迫不及待地給遠在英國的姐姐戴安娜寫信，詳細描述自己和希特勒相識的經過。她知道，唯有曾和自己一起在小飯館裡等待的戴安娜會理解和分享她那無與倫比的幸福。她在信的結尾寫道：「我的感覺你能夠想像，我幸福至極，恨不得死去。相信我是世界上最幸福的女子。我沒有取得什麼成就，卻得到了如此的榮譽。」

這樣的措辭，在尤妮蒂看來恐怕毫不誇張。從認識希特勒的那一天到第二次世界大戰前的近五年時間裡，她不再是倫敦上流社會那個百無聊賴的女人。如今她目標明確，人生陡然有了意義：希特勒成了她生活的中心，她要為他效勞、為納粹服務。

這以後，希特勒給予尤妮蒂極其優厚的待遇，他們似乎相見恨晚。剛開始時他們幾乎天天見面，到一九三九年九月二戰全面爆發之際，他們平均每兩周碰一次頭。除了幾個納粹要人，恐怕再也找不到第二個女人、更找不到第二個外國人和這個殺人魔王如此頻繁地會面。這並不僅僅是尤妮蒂一方的需求，每隔一段時間，希特勒也有見一見這個英國女友的願望，他不時會讓部下給她打電話，不是請她喝茶，就是和她一起去那家小飯館用餐，偶爾也請尤妮蒂及其女友或戴安娜去他在慕尼黑的公寓小坐。有一段時間，他還為她提供住房，為她配備專用汽車。而她想要看話劇、聽歌劇更是不在話下，只要一個電話，戲票就會送上門來。

一九三五年四月，納粹第二號人物戈林（Hermann Göring）和一個女演員結婚，希特勒應邀參加婚禮。按理，希特勒身邊不能沒有女人陪伴。這女人當然不能是他金屋藏嬌的秘密情人愛娃；卻也不是他的知音、瓦格納音樂節總監威妮弗雷德・瓦格納。於是希特勒便帶上了認識僅兩個月的尤妮蒂。這樣，這個在德國默默無聞的漂亮英國女學生，一夜之間成了家喻户曉的人物。

崇拜希特勒的女人比比皆是，他為何偏偏對這個素昧平生的英國女人如此青睞和器重？毋庸置疑，尤妮蒂的祖父同瓦格納家族，尤其是同張伯倫的交往和友誼使希特勒對她產生了極大的好感；共同的「理想」又使他們臭味相投；同時希特勒很有可能打著自己的如意算盤：尤妮蒂出身英國貴族家庭，父親在參議院占有一席之地，當時已鋒芒畢露的政治家邱吉爾又是她的親戚，滿心希望利用英國的希特勒，或許想把這麼個女友當作通往英國的橋樑，一方面把自己的政治軍事目的通過這一非官方途徑傳到英國，也想從她那兒探聽一些英國的情報。希特勒的建築設計師、後來的軍備部長施佩爾是當時經常被希特勒邀請去小飯館聚會的親信之一，也是尤妮蒂和希特勒關係的目擊者和見證人，他有另一種解釋：尤妮蒂年輕漂亮、身材高大，希特勒深知這個英國女子對自己的崇拜，「也許希特勒喜歡被這年輕女子欽佩愛慕，因為她很有些魅力。一想到會和她有男女私情，就讓他亢奮。面對漂亮的女人他就像個十七歲的少年。」

而尤妮蒂對希特勒又何止崇拜！斯佩爾後來回憶道：「不難看出，她徹底愛上了希特勒。她無時無刻不在注視著他，笑容可掬、無所顧忌。這就是英雄崇拜。絕對是獨一無二。」

就是面對疑惑不解的英國同胞，尤妮蒂也從不掩飾自己對希特勒的愛慕之情。一九三五年五月，她在接受英國記者的採訪時說：「和他在一起我度過了一生中最難忘的時光。整個德意志民族都是幸福的，因為在他們之上有這樣一個元首。我非常喜歡德國人，願意一輩子生活在德國，但是，我父母可能不會應允。」和記者告別時，她沒有忘記伸出右臂，高喊一聲「嗨，希特勒」。

尤妮蒂成為希特勒的新寵，希特勒的秘密情人愛娃因為遭到冷淡而疑心重重，當她瞭解到希特勒有那麼個英國漂亮女人相伴左右時，醋意頓生，一怒之下，吞下了三十五粒安眠藥。幸虧發現及時，被家人送到醫院搶救，活了下來。

對此，尤妮蒂當然一無所知。她還是頻繁地和希特勒會面，還是千方百計、不擇手段地打聽希特勒的行蹤，而且一有消息就盡快趕到希特勒要去的地方。希特勒的一個部下後來回憶道：「有一回他決定五點在『藝術之家』喝茶，而她比他早五分鐘趕到那裡，讓希特勒不知所措。還有一回我們深更半夜從柏林出發去慕尼黑，而她已在那裡等候。我們從慕尼黑去維也納，米特福德小姐已先到一步。」

在一九三五年夏天的紐倫堡黨代會上，尤妮蒂已不是成千上萬與會者中普通的一員，而是作為特邀貴賓，堂而皇之地伴隨希特勒左右。以後，他們一同觀賞瓦格納音樂節的節目，坐在同一包廂看戲，一起參加在柏林舉辦的奧運會，結伴在戈培爾的別墅消閒，在小飯館吃飯聊天。所到之處，尤妮蒂儼然是以女朋友的身份出現。這使她興奮，使她感到由衷的幸福。當然，這還遠遠不夠，她要在思想和言行上緊隨其後，永不落伍。這樣，這個無論對猶太人還是對猶太教都不甚了了的英國法西斯，成了名副其實的反猶太主義者。

尤妮蒂要走的第一步是公開表明自己的反猶立場。一九三五年七月，結識希特勒還不到半年，她就在納粹反猶最猖獗的週報《前鋒》（*Stürmer*）上發表讀者來信，以一個英國法西斯的身份對猶太人進行筆伐。她寫道：

親愛的前鋒！作為英國法西斯，我向你們表示敬佩之情。一年來我生活在慕尼黑，每個星期都閱讀《前鋒》。要是在英國也有這樣的報紙該有多好啊。在那裡，大多數人對猶太危險一無所知。英國猶太人始終被視為「正派」的，也許他們在我們那裡作的宣傳比在其他國家更為巧妙，不然我無法解釋我們的鬥爭為何特別艱鉅。我們最壞的猶太人只躲在幕後出謀劃策，因為他們不敢輕舉妄動，所以我們無法向英國人民披露他們的全部恐怖行徑。我們需要一份《前鋒》那樣的報紙，使我們的人民明白真相。那樣，儘管他們詭計多端，我們也會在英國戰勝人類的敵人。我們企盼著我們強大有力的那一天的到來，那時我們就可以宣告：「把英國還給英國人！猶太人滾蛋！」致以德意志的問候！嗨，希特勒！尤妮蒂・米特福德。

這算是讀者來信的正文，接著，她希望《前鋒》在發表全文的同時，最後將文章作者的全名公布於眾，這樣，全世界的人都可以知道這個名叫尤妮蒂・米特福德的英國法西斯是個徹底堅定的反猶「志士」。

到了一九三八年，希特勒的英國女友對猶太人的憎惡更是到了喪心病狂的地步。當得知納粹將大批猶太人趕到一個小島讓他們等死時，她惡狠狠地說：「就該這樣對待他們。我希望我們在英國也能這樣做。」

而希特勒則不僅是尤妮蒂愛慕的男人、崇拜的「領袖」，還幾乎成了她敬仰的「上帝」，每天晚上都要履行她那獨一無二的「宗教」儀式。一九三六年，她和母親以及兩個妹妹一起乘船旅行，尤妮蒂和潔西嘉同睡一個船艙，臨睡之前，尤妮蒂躺在床上，面對著希特勒的簽名照大聲祈禱，祈禱完畢，她伸出右手行納粹禮。潔西嘉將目睹的一切告訴了船主的兒子，後者對此難以置信，還以為是妹妹在開姐姐的玩笑，便跑去問尤妮蒂，希望她能夠「闢謠」。令發問者驚詫不已的是，她證實了妹妹的說法，沒有半點尷尬難堪，還頗有幾分得意自豪。

對於尤妮蒂的無限忠貞、狂熱崇拜，希特勒自然不會無所察覺。他看在眼裡，記在心裡，遇到合適的時機，他會對她獎賞犒勞一番。而對於尤妮蒂來說，「領袖」送給自己的納粹黨徽章是最大的獎勵，因為在徽章的背面刻有希特勒的親筆簽名。

希特勒緣何將自己簽名的納粹黨徽章送給一個英國女納粹？在這背後還有一個小小的故事。當時也在場的戴安娜後來把這一段插曲寫進自己的回憶錄：有一天，尤妮蒂和戴安娜在柏林威廉廣場（Friedrich William Platz）旁的旅館裡看見廣場上熙熙攘攘、人聲鼎沸。她們便走出旅館，來到人流之中。一如既往，此時尤妮蒂胸前佩戴著一枚納粹黨徽章，上面是納粹標記。和一般納粹黨徽章不同的是，旁邊沒有NSDAP ④這幾個德國納粹黨縮寫字母。有幾個德國女納粹見了，對尤妮蒂大聲嚷嚷：「你無權佩戴！這是欺騙！」

第二天，姐妹倆應邀去總理府和希特勒及其親信共進晚餐，她們以憤懣的口吻向希

---

④NSDAP，國家社會主義工人黨（Nationalsozialistische Deutsche Arbeiterpartei）的簡稱，也稱納粹黨（Nazi）。
——編按

特勒敘述了前一天在威廉廣場上發生的事情。幾個星期以後，尤妮蒂又提到慕尼黑的那家小飯館和她崇拜的「領袖」碰頭。希特勒一本正經地從口袋裡掏出一個包好了的小型禮物送到英國女友的手中，並且急切地期待著她的反應。尤妮蒂打開一看，原來是和自己佩戴的那枚一模一樣的納粹黨徽章，只有納粹標記，沒有縮寫字母。不同的是，在這枚徽章背面，鐫刻著希特勒的親筆簽名。看著尤妮蒂興奮卻又有些疑惑不解的表情，希特勒說：「要是以後再有人對您的徽章說三道四，您把它取下，翻過來給他看。」

漂亮的英國女人和納粹德國總理關係密切，在公開場合頻頻曝光，這自然會引起人們的關注和猜測。和獨裁統治下不敢亂說亂動的德國新聞界相比，英美媒體顯得「肆無忌憚」，有關納粹德國總理要和英國法西斯美女聯姻的報導沸沸揚揚，鬧得滿城風雨。尤妮蒂的父親不得不通過傳媒闢謠：「里茲代爾男爵對人們提出的問題作以下的答覆：『我女兒尤妮蒂和希特勒先生訂婚一事純屬子烏虛有。領袖的一切都為了他的人民，沒有時間顧及婚姻。』」

那麼，希特勒和尤妮蒂是不是真有過男女私情？和兩人都接觸過的同時代人的回答是否定的。不過，有一點他們的看法大致相同：如果希特勒願意，尤妮蒂會毫不猶豫地投入他的懷抱；但希特勒卻顧慮重重。他告訴德國當時的女導演，因專門拍攝納粹宣傳片而出名、走紅的萊妮・里芬施塔爾，他不會和一個外國女人發生任何男女私情，「我在感情方面也具有民族意識，因此我只能愛德國姑娘。」更何況，他曾經說過，自己沒有結婚的意思，他的新娘是德國。

與此同時，希特勒的部下和德國反間諜部門對尤妮蒂採取不信任態度，他們對這個英國女人不顧一切走近希特勒始終疑惑不解，而她對希特勒的行蹤如此瞭若指掌更使他們疑心重重。有的時候出於安全考慮，連一些部下都不知道他去了哪裡，可這個外國小妞竟然緊隨其後，有時甚至先他而到。她是如何弄到這些情報的呢？更使他們感到不安的是，希特勒對她非常信任，完全把她當自己人，有時尤妮蒂在場，他會毫無顧忌地和部下商討涉及國家政治和軍事的問題。他的英國女友看來也是個急性子，她會直截了當地發表自己的看法，有時甚至對希特勒的言論提出異議。而希特勒竟一反常態，並無不悅之色。對於德國的情報部門，尤妮蒂是一大威脅，試想一個國家元首在政治軍事上受一個外國黃毛丫頭的指點，哪怕其影響微不足道，也是一件了不得的事。進一步說，她是否是受英國秘密情報部門或邱吉爾的指派打入納粹最高層探聽情報呢？德國的反間諜機構當然不會聽之任之，從她和希特勒相識開始，到二戰伊始的一九三九年九月，尤妮蒂的行蹤都受到德國反間諜人員的監視。這一點希特勒是知道的。因此可以肯定，他們從未有機會單獨待在一起。以此類推，即便兩人相互愛慕，也僅停留在柏拉圖式的精神戀愛的層面上，不曾有過「出格」之舉。

其實，尤妮蒂又何止讓德國反間諜部門暈頭轉向！她並不是德國人想像的英國間諜，因為英國情報局一度同樣為她的超常之舉不辯西東，絞盡了腦汁，不知問了多少個為什麼，都沒有找到答案。後來，英國人很有可能和希特勒一樣，樂得利用她和德國納粹的特殊關係，把她當成德國和英國政府間非官方的義務通信員，相互傳遞資訊。

一向反對尤妮蒂和英國法西斯交往、與德國納粹為伍的里茲代爾男爵夫婦後來也來了個一百八十度的大轉變。早在女兒和希特勒相識的一九三五年，他們就在兒子的陪同下，乘渡輪橫渡英吉利海峽，來到地處歐洲大陸的德國柏林，目的是親眼見識一下女兒讚不絕口的德國納粹及其「領袖」。希特勒自然不會怠慢這位英國女友的雙親，他撥出專人專車，讓他們在德國痛痛快快地玩個夠。這一招很是奏效，曾把納粹說成是「寄生蟲的殺人團體」的男爵與無惡不作的納粹黨衛隊員有說有笑，而他的夫人則滿心歡喜地和「領袖」一起喝茶聊天，「她覺得他非常友好，很有教養。」原因是「他親吻了她的手」。而男爵一下子為自己以前對希特勒的態度感到無地自容，回去以後趕緊在一份英國親納粹的雜誌上發表文章，以示將功補過。他寫道：「英國、歐洲乃至全世界都應該感謝希特勒使德國免於變成紅色。希特勒避免了一場悲劇的發生，他在西方文明的邊緣將布爾什維克（Bolshevik）阻擋在外。希特勒的德國盼望和平，戰爭只是針對共產主義的萌芽。我相信領袖有和英國結盟的願望。」

尤妮蒂的準姐夫莫斯利也抓住這一天賜良機，在尤妮蒂和希特勒認識後不久正式前往德國取經。希特勒特地邀請這位英國法西斯同黨來家中作客，以示重視，兩人很快就打得火熱。在座的除了尤妮蒂和戴安娜，還有納粹宣傳部長戈培爾、德國著名音樂家瓦格納的兒媳婦、在英國出生並度過童年時代的威妮弗雷德。

一九三三年，莫斯利的妻子辛西婭因病突然去世，使他和情婦戴安娜的關係有了合法化的契機。一九三六年，兩人終於決定結為夫妻。但新郎希望秘密結婚，這樣就不能在英國領土上登記。按照當時的英國法律，在英國結婚的人都要在報紙上刊登結婚啟事。倘若這兩個在英國媒體頻頻曝光的法西斯分子結婚的消息一旦傳出，一定會鬧得滿城風雨。在政客莫斯利看來，要是結婚既可以不漏風聲，又能和政治目的聯繫起來，豈不兩全其美?!於是，他們決定將婚禮的地點放在納粹統治的德國，放在納粹「領袖」希特勒所在的柏林，放在納粹重要衙門——宣傳部的一間大廳裡。參加結婚儀式的來賓為數不多，除了尤妮蒂、戈培爾夫婦之外，希特勒也在其中。對此，新婚夫婦深感榮幸。

來賓們都信誓旦旦，保證不把此事公諸於世。（果然，直到兩年以後，莫斯利夫婦共同的兒子出生，英國人才知道，那個幾年前在和富家子弟布賴恩・吉尼斯結婚時出盡風頭的戴安娜，如今早已是莫斯利太太了。）結婚儀式結束後，新郎新娘和來賓驅車來到戈培爾家的豪華別墅，一起參加喜筵。第二天，希特勒又在總理府款待新郎新娘一行。莫斯利公私兼顧，還和希特勒進行了長時間的單獨密談。

無論希特勒還是莫斯利都清楚地知道，法西斯在英國勢單力薄，成不了氣候，不會像在德國那樣信徒雲集。那麼，希特勒為何如此厚待莫斯利？主要緣由自然在於兩人臭氣相投；而德國納粹心存僥倖，夢想法西斯有朝一日在英國生根開花結果，也是原因之一。正是出於這種心理，納粹德國曾經給予英國法西斯經濟援助，對此，正像戈培爾說的：這樣做「說不定會有什麼好處呢」。而莫斯利是希特勒密友的姐夫這一事實，無疑也使這兩個法西斯分子的關係又進了一層。

從一九三五年二月與希特勒相識至一九三九年這幾年間，尤妮蒂與希特勒屢屢出現在公眾場合，可見兩人友誼之親密；但一九三八年七月底的那一回，卻讓人看出希特勒的為人。當時尤妮蒂陪伴希特勒去拜羅伊特參加瓦格納音樂節。聽歌劇的時候，他們同在一個包廂，休息的時候，他們在瓦格納家的花園裡相鄰而坐，喝茶聊天。音樂節期間，希特勒中途離開了一天，為的是去外地參加德國體育運動會，尤妮蒂照例陪伴左右。回到拜羅伊特後他們聽了最後一場歌劇，尤妮蒂突然得了急性肺炎，必須住院治療，同時她精神憂鬱沮喪，心理很有問題。而希特勒卻擱下孤零零的英國女友，帶著隨從乘飛機去了柏林。倒是瓦格納音樂節的主人威妮弗雷德·瓦格納像個慈祥的老媽媽無微不至地關心照顧她，給她帶來了温暖。男爵夫婦特地從英國趕來把女兒接了回去。可是沒過多久，尤妮蒂又出現在她的「領袖」身邊。

就這樣不知不覺到了一九三九年五月，納粹德國攻打捷克。希特勒統治歐洲繼而霸占全球的野心漸漸顯露於世，英國和德國交戰在所難免。作為愛慕、崇拜希特勒的英國人，尤妮蒂絶對不希望看到這一天的到來，並多次向希特勒表示，自己的祖國是不會向德國宣戰的。到了八月底，局勢非同一般，德國法西斯挑起的大戰迫在眉睫，英國外交官敦促所有的本國公民離開德國，不然，他們將失去英國的保護，責任自負。尤妮蒂對這番警告置若罔聞，對她來說道理簡單明瞭：「我擁有更好的保護，那就是領袖的保護。」

但是，尤妮蒂內心是矛盾和痛苦的。她無法忍受德英大動干戈的現實，早已作好了最壞的打算：一旦這一天到來，她就一死了之。她曾不止一次把自己的想法告訴女友，並把事先買好的小手槍拿出來給女友看。但是，她的心理準備並不充分，她始終抱有一線希望，深信這一仗打不起來。

尤妮蒂最害怕的這一天還是來到了。一九三九年九月一日，德國攻打波蘭，九月三日，英國正式向德國宣戰，尤妮蒂從英國駐慕尼黑總領事那裡證實了這一消息。她的雙親也發來相關內容的電報。她沒有聽從領事的勸告，跟著最後一批英國人回國，而是作出了留在德國的決定。此時，所有的電話線均已掐斷，給倫敦打電話已經不可能了。她給父母寫了封遺書，讓領事帶回英國交給他們。在這生死關頭，她仍念念不忘她所崇敬的「領袖」：「我剛剛取來了你們的電報，獲悉戰爭已經打響。我和你們說再見了。領事將把這封信帶上。也許戰爭結束後，英國和德國會像我們所盼望的那樣締結友誼。但願你們到時能經常見到領袖。」

寫完這封信後，尤妮蒂又給德國女友寫了一封類似遺囑的信，將自己遺留的財產一一安排妥當，並將房門鑰匙一併放入信封內。最後，她又給這個女友打了個電話，以作最後的告別。

照理，和父母說了「再見」、向女友交代了後事，早已作好自殺打算的尤妮蒂這時已無所牽掛，可以行動了。但是，她還有一樁心事，那就是還沒有和這幾年來自己交往最多、最愛慕和崇拜的希特勒告別。於是，尤妮蒂給他寫了一封訣別信：「我在對您，我的領袖的忠誠和我作為英國人的義務之間徘徊……我們兩國人民跌進了深淵……我的生命已無足輕重。」

尤妮蒂將這封信連同希特勒送給她的「領袖」簽名照和納粹黨徽章一併塞入了一個大信封。後兩件東西是她幾年來最珍惜的財產：她每晚要對著那張照片祈禱許願，而刻有希特勒親筆簽名的黨徽章更是無時無刻不掛在胸前。

她手持信封來到納粹黨總部。可以想像，這個英國女人此時此刻的心情和以往踏進這幢房子時判然有別。五年多以前，當這個英國貴族子弟第一次來到慕尼黑、踏進這幢納粹老巢時，她在激動之餘一定也有些惴惴不安，不知道自己迫切想結識希特勒的願望能否實現；以後進去，她就有理由昂首挺胸了，因為她不僅成了納粹的圈內人、「領袖」的親密朋友，恐怕也是進入這幢房子次數最多的外國女人，為此她感到由衷的自豪。而此時她卻死到臨頭，想到這是最後一次走進曾經如此心儀神往的地方，更想到無法和自己仰慕的希特勒訣別，她一定步履維艱。

尤妮蒂將信封交給了納粹黨總部頭目，就匆匆離去，獨自來到英國公園。那頭目忙完了手頭的事打開那個大信封，才知道大事不妙，連忙派人在慕尼黑城找尋尤妮蒂。而這時，他們全力尋找的對象已在英國公園一張不起眼的長凳上坐下，慢慢掏出早已準備好的那把小型手槍，對準了自己的太陽穴。

尤妮蒂很快被一輛軍用救護車送到了醫院。有人認為希特勒的下屬懷疑她是英國間諜，因此日夜都有反間諜人員對她實施監視，是她及時得到搶救的原因。經診斷，子彈打入後腦勺，但沒有擊中致命部位，尤妮蒂自殺未遂，活了下來。但很有可能子彈壓迫專管語言和平衡的神經，所以她開始時不能言語，也無法站立行走。同時，她似乎也失去了記憶能力。有人把她交給納粹黨總部頭目的「領袖」相片和納粹黨徽章放在她的床頭櫃上，她竟然無動於衷。要恢復語言和思維能力，唯一的辦法就是將子彈取出，但德國醫生不敢這樣做，生怕由此而危及她的生命。

據說希特勒曾幾次打電話到醫院過問此事，讓人送去鮮花致意，自己也曾去醫院看她。至於去了幾次眾說紛紜，有人說是多次，有人認為只有一回。據當時在醫院工作的一位醫生後來回憶，希特勒單獨在尤妮蒂的病房裡待了一刻鍾左右。在這之前負責的醫生告訴他，病人失去了語言能力。希特勒出來後卻表示，她跟他說了話，說她很想回國。根據病人當時的狀況，作長途旅行還很危險，因此她在慕尼黑的醫院裡住了三個多月，及至一九三九年十二月下旬才返回英國。

在這三個多月裡，還有一段驚險的小插曲。有一天，護士發現放在尤妮蒂床頭櫃上的納粹黨徽章突然不見了，找遍了整個房間，最後醫生給病人作了透視，這枚徽章竟給她吞到了肚裡。醫生用上胃管才將硬物取出。醫院懷疑尤妮蒂的此番舉動是試圖再次自殺，從此實施更為嚴密的監護。

至於希特勒英國女友的這起自殺未遂事件，納粹有關部門一直保持沈默，嚴密封鎖有關消息，不肯透露半點風聲。就連當事人在英國的父母，也只得到一些零星的片言隻語，不知女兒到底出了什麼事。直到一九三九年耶誕節前後，尤妮蒂的病情逐漸穩定，才被專人專車送到中立國瑞士的伯恩（Bern），並從那裡由她的母親、小妹黛博拉和英國醫生陪同乘專列到法國海岸，然後乘坐渡船回到英國。這一切都在極其保密的情況下進行。

在瑞士，當地醫院的主任醫生也給尤妮蒂作了檢查。第二天，他對護送尤妮蒂的德國醫生說：「所謂的語言障礙究竟是怎麼回事？我聽她為希特勒唱了首讚歌。」

瑞士醫生的說法和希特勒見到女友後所說的話不謀而合。看來，尤妮蒂也有頭腦清醒的時候，但總的來說，她的狀態不佳。黛博拉在瑞士第一次見到自殺後的姐姐驚嚇不小，後來回憶起來還有些令人不寒而慄：「她看上去非常可怕。她在床上欠身坐著，一雙深藍色的大眼睛鑲嵌在讓人無法辨認的深埋著的臉上。因為這已不是她原來的臉：頭髮絞纏在一起，牙齒發黃。九月三日開槍自殺後她再也沒有梳理過，原因是她無法忍受自己的頭部被人觸摸。下垂的雙頰使牙齒看上去更大、更黃，因而更令人害怕。她的皮膚黃而乾枯。她笑起來眼神尤其呆滯無光，她的身體是那麼瘦小。」

回到英國後，神經外科專家給尤妮蒂作了全面的檢查和長時間的觀察，得出的結論和德國、瑞士醫生大致相同：手術取出子彈的危險性太大，它將伴隨病人一生。

第二次世界大戰使米特福德一家分成了兩個陣營：曾經站在希特勒一邊的父親里茲代爾男爵表示自己過去的看法有誤，此時儼然是個愛國主義者，完全站在祖國一邊；而他的太太呢？看來男爵夫人已經完全失去了自控，這幾年來，她把希特勒當作最理想的女婿，滿心歡喜地盼望著女兒有朝一日能夠嫁給他。如今夢想化為泡影，但她仍然希望納粹能夠戰勝英國，並毫無顧忌地公開表示自己的態度。因為在這一原則問題上的意見分歧，男爵夫婦這兩個結婚近四十個春秋、生有一男六女的老夫老妻從此形同陌路，分居兩地。一度曾為莫斯利法西斯思想打動的長女南茜則積極地加入到反納粹的行列。潔西嘉從一開始就是個堅定的反法西斯主義的共產黨人，在二戰開始前就和丈夫流亡美國。她的丈夫、邱吉爾的外甥在加拿大參加反納粹軍隊，在轟炸德國時墜機犧牲。希特勒的死黨戴安娜和丈夫莫斯利在二戰期間曾被監禁，英國政府生怕一旦德國登陸，他們會向德國透露機密。而尤妮蒂的哥哥，米特福德家唯一的兒子、爵位和財產繼承人湯姆仍是希特勒的忠實信徒，身為英國軍官的他為了避免和德國交戰，主動要求前往緬甸，一九四五年，就在第二次世界大戰接近尾聲之時，他死在日本法西斯的槍彈之下。

那麼尤妮蒂呢？

回到英國後，尤妮蒂的體力很快得到了一定程度的恢復。她和母親一起住在父親買下的一座小島上，偶爾可以在旁人的監護下開開車、跳跳舞。但她的智力已經不再健全，行動也已不再自如。就像一個少不更事的幼童，她不知道自己生活在戰爭年代，也不知道希特勒是何許人。

尤妮蒂在這樣的狀況下生活了八年半。隨著時間的推移，子彈在她的腦部開始移動，一九四八年五月二十日，終於壓迫致命之處，尤妮蒂命歸黃泉，時年三十三歲，與希特勒自殺身亡相距整整三年。

4

心目中的異性知己

瑪格達・戈培爾

爲了成爲「數一數二的女人」，
瑪格達・戈培爾結識希特勒，成爲他的知己。
她竭盡全力爲希特勒效勞，
總算如願以償的被視爲
「德意志第三帝國的第一夫人」。

Magda Goebbels
1901-1945

約瑟夫・戈培爾（Joseph Goebbels）是納粹德國的宣傳部長，一九四五年希特勒政權即將崩潰之際，戈培爾挈婦將雛，舉家共赴黃泉。

戈培爾的妻子瑪格達是一個聰明、漂亮，又受過良好教育的女人。她在戈培爾納粹仕途蒸蒸日上的時候嫁給了他。妻隨夫姓是西方的習俗，於是瑪格達便成了瑪格達・戈培爾（Magda Goebbels）。但是，瑪格達在這之前有過一段幾易其姓的曲折經歷：剛剛出生的時候，她姓的是貝倫特（Behrend），不久便改姓里查爾（Ritschel），以後又姓弗里德倫德爾（Friedländer）。十八歲的時候，瑪格達重姓里查爾，不多久她又成了鄺特（Quandt）夫人。然而，她一生中最後十幾年的大起大落，卻是以姓戈培爾始，也以姓戈培爾終。

若是僅僅頻繁改換姓氏倒也不足為奇，有意思的是她每改一次姓，信仰和追求也隨之改變。不斷更換的姓氏就像她一生中的一個個里程碑，而且每個階段迥然不同。

二十世紀初葉，一對青年男女在柏林不期而遇。男的身材高大、衣冠楚楚，看上去儀表堂堂、風度翩翩。的確，這位來自萊茵河畔的奧斯卡・里查爾（Oskar Ritschel）博士非等閒之輩。他是富家子弟，本人又是工程師，因此地位顯赫。他因為工作和生意的關係，闖蕩四海，見多識廣。他還博覽群書，知識淵博，可謂既懂理工，又是文人雅士，並且有條件，也懂得享受生活。女的名叫奧古斯塔・貝倫特（Auguste Behrend），芳齡二十，漂亮能幹，卻沒有受過什麼教育。有人說她當時在柏林的一家豪華飯店當客房服務生，也有人說她是一大户人家的女傭。反正，用現在的話來說，她出身平凡，做的也是平凡的工作。

這兩個人雖說郎才女貌，但是文化涵養、興趣愛好相去甚遠，要不是有了孩子，兩人在一起的日子，至多也就是一段風流韻事，不會有什麼結果。事實上，一九〇一年十一月一日，瑪格達・貝倫特，也就是後來的瑪格達・戈培爾呱呱落地的時候，她的父母尚未結婚，因此出生的時候她隨母姓。

婚前生兒育女，在今天的德國司空見慣，人們早已習以為常，沒有人會因此說三道四。但在整整一個世紀以前，卻是一樁醜聞。同事朋友、熟人街坊，都會指指點點、議論紛紛，社會無法容忍私生子，孩子往後的日子註定不會好過。瑪格達的母親清楚地知道這一點，當然不想讓自己的孩子被人嘲諷、遭人唾棄。她打定主意，一定要讓女兒的出生「合法化」。於是，奧古斯塔找上孩子的父親、前面提到的工程師里查爾。精明能幹的她一定對他曉以利害，里查爾爽快地娶她為妻。瑪格達得以改姓里查爾，從此卸下了「私生子」的黑鍋。這一點，一定對她今後的成長至關重要，不然，從小受排擠、受壓抑的孩子不會像她後來那樣自信，那麼目標明確，如此我行我素。

不過，這樁門不當、户不對的婚姻並沒有維持多久。在瑪格達兩歲的時候，父母便分道揚鑣。瑪格達隨母親待在柏林；里查爾回到萊茵河畔的家鄉，更多的則是為工作和生意四海為家。父親對女兒的關注並沒有因此減弱，像所有愛孩子的父親一樣，他要用自己的精神世界影響女兒，用擁有的物質財富讓女兒受到良好的教育。雖然父母離異，但是瑪格達的童年還是幸福的，無論是事業成功的父親，還是文化不高的母親，都希望她有一個美好的前程。

瑪格達在母親身邊無憂無慮地度過了五歲生日，到了接受系統的學校教育的年齡了。於是有了這樣的一幕：在柏林火車站，一個五歲的女孩頸項上掛著一塊牌子，手上提著一隻裝滿乾糧的竹籃，告別了依依不捨的母親，獨自一人踏上了開往科隆（Köln）的火車。那時候，柏林到科隆的火車要開整整一天，到了科隆，還來不及歇腳，女孩便又跟著來接她的父親，踏上了去比利時首府布魯塞爾（Brüssel）的旅程。父親里查爾當時正在比利時任職，在他的張羅催促下，瑪格達遠道而來，在布魯塞爾的修道院安頓下來，接受修女嚴格的天主教教育。可想而知，修道院的生活單調艱苦，對兒童簡直是一種磨難，難怪奥古斯塔兩年後去那兒看女兒時，大驚失色。後來，她這樣描述瑪格達待過的第一個修道院的臥房：「姑娘們都睡在一個大廳裡，陰冷通風。」瑪格達以後去過的另一所修道院，睡覺的地方條件要好些，但是，「姑娘們一大早起床就得空著肚子去教堂作晨禱，瑪格達有一回因此而暈了過去。」

修女們一定是想讓孩子們接受考驗、鍛煉意志。的確，在修道院圍牆內這段艱苦、閉塞的學習生涯，不僅使瑪格達學會了一口流利的法語，掌握了很多有用的基礎知識，而且，更讓她學會了自我克制和自我約束。在那裡，瑪格達學習勤奮努力，彈得一手好鋼琴。因為她比其他女孩顯得成熟，在同學中沒有什麼朋友，但深得老師的喜愛。一位修女老師在幾十年後、八十五歲高齡之時，還記得瑪格達，稱她是「一個活潑、聰穎的女孩」。

是修女老師給瑪格達傳授了知識，是天主教修道院奠定了她自我克制和自我約束的性格。修女們當初一定不會想到，她們眼中這位活潑、聰穎、勤奮刻苦的得意門生，竟會在二十多年後，為希特勒效勞而致毒死親生兒女後自殺。修女們後來一定會無奈地搖頭歎息：歷史給她們開了一個不小的玩笑。

正當瑪格達在修女的指導下孜孜以求、在天主教的教規中向上帝敞開胸懷之時，在生父里查爾之後，又一個男人的出現，為她輕輕地推開了猶太教世界的大門。

這個猶太人姓弗里德倫德爾（Richard Friedländer），是奧古斯塔的第二任丈夫。這樣，瑪格達有了一位猶太繼父。母親和繼父是在德國的柏林相識、在比利時的布魯塞爾結婚的，並在那兒定居下來。有趣的是，證婚人竟是奧古斯塔的前夫里查爾，這在當時實屬開明豁達。顯然，里查爾對前妻的這樁婚事頗為滿意。

弗里德倫德爾雖然沒有里查爾那麼富有，但小生意做得不錯，一家人很快在布魯塞爾落下腳來。里查爾冷靜、理智、有學問；弗里德倫德爾詼諧、大方，人生經驗豐富。對於瑪格達，生父和繼父各有千秋，所施影響不盡相同。那時，瑪格達雖然還在修道院求學，但已不在那兒寄宿。弗里德倫德爾的幽默，他的生活情趣，同修道院裡的嚴肅、死板形成了鮮明的對比，給瑪格達的生活帶來了生機和活力，她從心底裡喜歡這個繼父。每天放學回家，除了看書，她總是饒有興致地傾聽繼父侃侃而談，其中少不了猶太教的起源、歷史和傳説。信奉天主教的瑪格達不僅從猶太繼父那裡耳濡目染，對猶太教的宗教節日和禮儀有了一定的認識和瞭解，而且接受了繼父的猶太姓。從那以後到結婚之前，她一直叫瑪格達・弗里德倫德爾。從開始記事、天真活潑的童年，到青春躁動、日漸成熟的少女，瑪格達深受繼父的影響。如果說，那時候已經埋下了她猶太復國思想的萌芽，或許有些牽強，那麼，是繼父牽著她的小手，領著她跨進猶太世界的大門，使她後來在結識猶太戀人後，很快地進入角色，卻是不爭的事實。

一九一四年，第一次世界大戰的爆發，一下子打破了弗里德倫德爾一家在布魯塞爾寧靜、安逸的生活。由於德國向法國宣戰，一夜間，德國和比利時從友好鄰邦，變成了動刀動槍的仇敵。弗里德倫德爾同其他在比利時生活的德國人一樣，被迫拋下房產家當，攜妻帶女，驚惶失措地逃離這塊土地。他們先坐上緩慢行駛的列車到荷蘭、德國邊境，緊接著，擠上擁擠、骯髒、充滿汗臭的運牲畜的車廂，開始了返回柏林的漫漫旅程。車輪滾滾，列車東去，從此，十二歲的瑪格達離開了第二故鄉布魯塞爾，告別了快樂美好、無憂無慮的童年。

六天以後，他們總算到達目的地——柏林。

戰爭年代是殘酷的。前方有多少人戰死疆場，後方又有多少人忍饑受凍。在柏林安頓下來的弗里德倫德爾一家，同左鄰右舍相比，算是很幸運的了。瑪格達的繼父在一家高級飯店找到一份當服務員的差事，雖然和在比利時的生活有著天壤之別，但總能帶些食品回家，不至於挨餓。瑪格達在女子中學讀書的費用更不用發愁，有錢的生父會按時如數寄來。

瑪格達學習毫不費力，遊刃有餘，總是名列前茅，畢竟修道院的老師為她打下了牢固的基礎。照理，她可以怡然自得地適應新的環境。但是，瑪格達卻鬱鬱寡歡。她的德語還有些生硬彆扭，難懂的柏林方言更讓她傷透了腦筋。她在學校獨來獨往，與同學格格不入。和在比利時的時候一樣，一回家，她就一頭裁進了書堆。她還需要時間來適應這裡的生活。

就在瑪格達煩惱苦悶、無所適從的時候，一位猶太少女和她的家人向她伸出了友誼之手，使她枯燥單一的生活變得多姿多彩；同少女的哥哥相識、相戀，又使她的生活有了明確的目標和奮鬥的方向。

這位瑪格達班裡的插班生，名叫莉莎・阿洛索羅夫（Lisa Arlosoroff），出生於烏克蘭，由於那兒迫害、驅逐猶太人，又由於第一次世界大戰的爆發，不得不跟隨父母、哥哥、姐姐輾轉各地，流落他鄉，最後在柏林落下腳來。莉莎是一個自信、開朗的女孩，進校沒幾天她便發現瑪格達和自己一樣，也是個因為戰爭而來到柏林的外來户，便主動走近她。很快，她們成了好朋友。

瑪格達放學後常去莉莎家。莉莎的母親開明、通達，很多事情都讓孩子自己作主，三個孩子有很大的發展空間。家裡經常擠滿了孩子們的朋友，有歡聲笑語，也有音樂琴聲。在戰爭時期，阿洛索羅夫家擁擠的小屋，無疑就像沙漠中的一片綠洲，讓人暫時忘卻饑餓、寒冷，乃至死亡這些嚴酷的現實，給人增添溫暖、信心和活力。這種溫馨、和諧的家庭氣氛，瑪格達過去從未感受過。生父在經濟上慷慨大方，使她能夠無憂無慮地繼續求學，不過，父女畢竟接觸太少，無法建立真正的感情；母親和繼父也都愛她，但從比利時回德國後，他們忙於求生，對瑪格達的精神需求難以顧及，更何況，當時父母關係每況愈下，常常發生齟齬。這樣，真誠、熱心的阿洛索羅夫一家就使她體驗到真正的家庭溫暖和人生樂趣，那裡成了她的第二個家。每天放學回家的路上，瑪格達和莉莎無話不談。學業是一方面，還有那正在進行的戰爭等等。而莉莎還會情不自禁、滿懷自豪地說起年長自己兩歲的哥哥維克多·阿洛索羅夫（Victor Arlosoroff）。

維克多在一所有名的中學讀書，雖然德語不是他的母語，說起來還帶著異國的口音，但他參與編輯校報，一開始就顯露鋒芒，頗得老師和同學的好評。他喜歡德國，酷愛德國文學，更為自己是猶太人感到驕傲。十八歲時，他寫道：「我是猶太人，我為自己是猶太人感到強大和自豪。我覺得我和德國人不一樣，也從未掩飾這一點。我感覺在我的心裡蘊藏著那麼多東方個性，那麼多因為不是土生土長而產生的矛盾，那麼多對整體的嚮往。這些都是在此出生長大的德國人所沒有的。」年輕的維克多充滿熱情地學習希伯來語，孜孜不倦地研究猶太復國主義思想。他認為，猶太人只有在巴勒斯坦找回自己的家園，建立自己的國家，才能在世界上抬起頭來，猶太教才會前途無量。於是他開始為將來移居巴勒斯坦、參與建立以色列國家作準備。

才華橫溢、氣質非凡的維克多的周圍很快聚集了二十來個同學，他們當中，有猶太人，也有非猶太人。他們志同道合，討論猶太問題，探討德國文學，欣賞德國音樂，同時盡情地唱歌跳舞，聚會時充滿了歡聲笑語和人生樂趣。

毫無疑問，瑪格達也為這群年輕人的激情所感染，更為維克多的魅力所吸引。維克多也慢慢注意起已經出落得亭亭玉立、嫵媚動人的瑪格達，他們的關係很快有了進一步的發展，這一對年輕人相愛了。瑪格達愛維克多所具有的領袖氣質，似乎也愛上了他的理想。她主動提出參加維克多他們的青年小組，帶著火一般的熱情，參與關於猶太人前途的討論，並將維克多送給她的猶太星項鏈一直掛在胸前。她答應維克多，日後同他一起移居巴勒斯坦，為最終建立猶太人的國家出力。女人特有的直覺告訴她，維克多將會成為一個在猶太復國運動中舉足輕重的人物，而漂亮、受過良好教育的她，則要站在他的身邊幫助他，同時和他一起，發出耀眼的光彩，為人羨慕，被人敬重。

瑪格達的直覺沒有錯，但後來，站在維克多身邊的，卻是別的女性。

在柏林讀完經濟學博士學位以後，二十五歲的維克多真的去了巴勒斯坦，為建立猶太人的國家不辭辛苦，任勞任怨，來往於世界各地，為猶太復國著書立說，顯示了卓越的領導才能。他不僅懂經濟，而且擅長外交，不久以後，就成為最出色、最有影響力的猶太復國領袖之一。在此值得一提的是，維克多始終主張與阿拉伯人和平共處，並且力求和他們搞好關係，在巴以互相殘殺的今天，他的主張仍有重要的意義。要不是後來慘遭暗殺，以色列建國以後第一任外交部長的大名，很有可能就是維克多・阿洛索羅夫。

早在維克多上大學後不久，和瑪格達的關係便日漸疏遠。也許，維克多對瑪格達是否真的會跟隨自己定居巴勒斯坦有所懷疑。在大學裡，他狂熱地愛上了一個名叫格爾達的學醫的猶太女青年，共同的理想和事業，更使他們心心相印。不久以後，他們有了一個女兒。從此，瑪格達背向維克多，朝著完全相反的方向走去。但是，維克多並沒有從她的視野中消失，以後，他們仍有一次相遇。

一九一八年秋天，兩個好朋友中學畢業。莉莎準備上大學，在音樂方面繼續深造。瑪格達則選擇了學費昂貴的高級家政寄宿學校。富有的生父同以往一樣，按時將錢如數寄來。當瑪格達拿到戈斯拉爾（Goslar）一所女子家政學校的入學通知書時，興奮不已，因為她終於如願以償。但進校不久，她便大失所望。學校閉塞保守，讓她感到窒息。深受阿洛索羅夫一家自由思想影響的瑪格達，早已膩煩了修道院式的生活。但是另一方面，維克多的移情別戀，又使她傷感和失落，她需要換換環境。於是，瑪格達暫時在家政女校安下心來。而不久以後，時來運轉，一位富有的中年男子突然出現在瑪格達面前，改變了她的命運。

這位中年男子，就是君特·鄺特（Günther Quandt）。瑪格達與他的巧遇，頗具浪漫色彩。

一九一九年二月，第一次世界大戰剛剛結束。這一年，冬天格外寒冷難熬。大部分人縮緊脖子，行色匆匆。他們臉色蠟黄、衣衫襤褸。戰前繁華、熱鬧的柏林街頭，如今一片蕭條景象。火車站卻是人山人海、熙熙攘攘。由於戰爭，許多車輛被毀壞，列車運行次數明顯減少，而來往過客卻有增無減。火車的擁擠程度，可想而知。

瑪格達假期以後重新返校，踏上了從柏林開往戈斯拉爾的列車。她提著不算輕的行李，穿過一節節車廂，怎麼也找不到座位。當路過一節軟座包廂時，坐在裡面正在看書的一位紳士，恰好抬起頭來，瞥見瑪格達，雙眼為之一亮。他的眼前，是一位漂亮、端莊的年輕女子：一頭金色的秀髮，一雙淺藍色的眼睛，一張勻稱的臉，一副苗條的身材。她不施粉黛，嫵媚動人，充滿了清新的活力，又顯得老成自信，雖然她只有十七歲，這位紳士卻估計她已二十歲出頭。

紳士站了起來，彬彬有禮地請瑪格達進包廂就座。他微微鞠了一躬，自我介紹道：「我叫君特・鄺特。」

瑪格達也打量了一下這位鄺特先生：頭已開始謝頂，身體開始發胖。瑪格達猜想，這位殷勤乘客的年齡在四十五歲左右。外表平平的鄺特，卻給瑪格達留下了不同尋常的印象：他溫文爾雅、彬彬有禮，他自信沈著，衣著特别精緻考究，身上散發出陣陣刹鬚水的香味。在剛剛經歷了戰亂的德國，實屬少見。直覺告訴她，鄺特一定是個人物。於是瑪格達欣然接受了邀請。

不得不承認，瑪格達的眼力著實不差，這一次她又沒有看錯人。君特・鄺特乃是百萬富商，當時德國首富之一，在整個歐洲，也屈指可數。他的父輩從開設手絹工廠起家，到了他手上，在第一次世界大戰中為前方的士兵製作軍服，狠狠地發了一筆戰爭財。只是有一點，瑪格達沒有猜對：他的實際年齡是三十八歲。他的妻子一年前在一場流感中去世，留下了兩個未成年的兒子，一個十三歲，一個十一歲。

顯然，人到中年的鄺特深深地為這位年輕而充滿活力的女性所吸引，原本不善言辭的他，一路上一反常態，滔滔不絕。他後來回憶道：「我們談柏林的話劇，談旅行，總之，談論一些年輕女子感興趣的事兒。這樣，時間飛快地過去了。」

到了戈斯拉爾，鄺特更是大獻殷勤，他替瑪格達安頓行李、送她去家政學校。幾天後徵得瑪格達同意，又以她父親朋友的名義，叩響了女校的大門。這以後，鄺特幾次開著豪華轎車去看望瑪格達，並帶著她到處兜風，出入一流飯店。每回來訪，總不忘帶上鮮花。這種浪漫奢侈的生活方式，同當時戰後德國貧困蕭條的現實，形成了鮮明的對照，和女校單調的生活，簡直有天壤之別。瑪格達的老師同學，在驚歎和讚美之餘，都對她有這樣的「叔叔」羨慕不已。

或許瑪格達真的將這位百萬富翁當叔叔看待？在鄺特正式向比自己年輕二十歲的瑪格達求婚時，她顯得有些吃驚，但很快鎮定下來，請他給自己三天時間考慮。

在三天內，瑪格達要權衡利弊，作出人生的重要選擇。

毫無疑問，對尚未成年的瑪格達來說，年齡的懸殊是一大障礙；將成為只比自己小四、五歲孩子的後母，更是讓她顧慮重重。鄺特擁有的物質財富和社會地位，卻具有很大的誘惑力。誠然，瑪格達的生父里查爾一直在經濟上給她提供資助，但是，由於她的出身，父親有錢有勢的家人，始終對她冷眼相待。家裡的情況也不是太妙，繼父的身體每況愈下，父母常常發生爭吵。成為鄺特夫人，不僅可以一輩子享受榮華富貴，而且，她的社會地位也將隨之上升，在生父的家鄉可以抬起頭來。

當然，鄺特父親般的關愛使她動心，他的持重、穩當和成熟給她安全感。總之像他那樣充滿自信、事業成功的男人更是宛若一方磁鐵，深深地吸引著她。

更何況，瑪格達自己受過良好的教育，精通幾種語言，在同世界各地都有密切生意往來的鄺特公司，一定會有用武之地。她可以既當太太，又當幫手，在他身邊，助上一臂之力。想到馬上可以離開閉塞的高級家政學校，挽著鄺特，穿上華麗的晚禮服出入上流社會，便讓瑪格達興奮不已。這一點對她來說至關重要，她要大家都來欣賞她、讚美她、羨慕她。具有領袖氣質的維克多離她而去，如今，她可以借著鄺特，放射出耀眼奪目的光彩。

瑪格達沒有找父母商量。她從小就是個自作主張的女孩。三天以後，她將自己的決定分別告訴了鄺特和父母。

鄺特得到應允，喜笑顏開，他如願以償。

母親、生父和繼父開始時都齊聲反對。他們無法想像也無法接受，年輕貌美的女兒如此幼稚，竟答應嫁給一個跟他們自己年齡相仿、拖兒帶女的男人。但他們只能聽之任之，因為他們清楚地知道瑪格達我行我素的脾氣。兩位父親的忠告、母親抹不完的眼淚，都不能動搖她的決定。

得到承諾的鄺特卻提出了訂婚的兩個條件。他的老家是一個充斥著小市民習氣的小鎮，父母、兄弟仍生活在那裡，世代信奉新教。鑒於家鄉人對宗教信仰必須「門當戶對」的要求，為了讓父母稱心滿意，鄺特的第一個條件是瑪格達必須放棄天主教，皈依新教。第二個條件是在婚前，瑪格達·弗里德倫德爾必須先改回到生父的姓氏——里查爾。八十多年後的今天，對鄺特要求瑪格達易改姓氏的用意，我們只能作一番推測，問題恐怕出在弗里德倫德爾這一地道的猶太姓上。雖然瑪格達本身不是猶太人，但為了避嫌，還是先放棄眾所周知的猶太姓為好，免得人家說三道四。反猶排猶，由來已久，並不是希特勒的發明和專利，只是到了第三帝國時期，達到了登峰造極的地步。

對於這兩點要求，瑪格達都表示同意。從小接受嚴格的天主教教育的瑪格達，對於改信新教，似乎毫不介意。她有她的道理：「宗教對我來說無所謂，我的上帝在我心裡。」至於第二個條件，猶太繼父弗里德倫德爾將瑪格達視若己出，對她關愛備至，這是事實；在猶太人阿洛索羅夫家裡，她感受到家庭的溫馨和人生的歡樂，也是事實。雖然她順從鄺特的意願，更改姓氏，但很難想像，瑪格達會對此無動於衷。不過，那時的瑪格達和阿洛索羅夫一家已失去了聯繫，而母親和猶太繼父的關係每況愈下，一年以後正式離婚。這些曾經和瑪格達有過密切關係的猶太人，已經或很快將從她的視野中消失。

一九一九年七月，就在兩人相識五個月以後，舉行了訂婚儀式。一年半以後，他們正式結婚。

本來，瑪格達對婚後的生活充滿了憧憬和嚮往，她要進入上層社會，以美貌和風度，成為社交場上的明星；她也希望自己的豪華宅第賓客盈門，在那裡款待社會名流。但是她打錯了算盤，現實使她大失所望。

首先，鄺特並不想讓她過問公司的事情。像那個時代大部分男人一樣，他希望妻子在家相夫教子，因此，回家後閉口不談工作。家裡有管家、司機、園丁、廚師、女傭等十來個人供瑪格達支配，瑪格達除了做些管理工作，過問一下兩個孩子的功課，有時也彈彈鋼琴，或在鄺特不用車的時候，讓司機開出去兜兜風。剩下的，便是百無聊賴。

另外，鄺特在很多方面對瑪格達非常挑剔。雖然他的生意做遍歐洲和美洲，也見過大世面，但卻很保守，常常對瑪格達的衣著說三道四，不是嫌她吃早餐的時候穿著太隨便，就是覺得她出門時的衣裙太短太露，有傷大雅。鄺特腰纏萬貫，在家庭開支方面卻精打細算，非常苛刻吝嗇。瑪格達手頭可以支配的錢很少。

令瑪格達失望的是，鄺特每天早出晚歸，即便在家，也是心不在焉，滿腦子的生意，夫妻間缺乏感情交流，更談不上有傾心之談。也許鄺特覺得很正常，瑪格達卻不滿足，但她太孤傲了，她不會將自己的不滿告訴丈夫，給他一次改進的機會。在把心靈的失落深深地埋藏起來的同時，瑪格達和鄺特的感情越來越疏遠了。

更使瑪格達惱火的是，鄺特是個地地道道的實用主義者，與生意無關的社交活動，一概拒絕參加。這樣瑪格達拋頭露面的機會甚少，更談不上引人注目、光彩照人了。兩人有時難得一起上一次劇院，鄺特常常因疲勞而進入夢鄉，弄得瑪格達非常難堪。雖然鄺特有時出差也帶上瑪格達，他們一起遊倫敦、逛巴黎，但回到柏林的家中，瑪格達就倍感寂寞、孤獨。

在無聊和空虛中，不知不覺幾年時間過去了。這期間，瑪格達和鄺特共同的兒子哈拉爾德（Harald Quandt）出生了，有了三個孩子的鄺特，欣喜萬分，但並沒有因此而減少工作。第一次世界大戰後的德國，一片廢墟，百廢待興，許多工廠被迫倒閉，卻也給鄺特那樣精明能幹的生意人創造了更多的機會。不久以後，他們又收養了三個突然失去父母的孩子，孩子的父母是鄺特生意上的朋友。一九二七年，鄺特的長子赫爾穆特在巴黎學習時患病，因醫生誤診失去了年輕的生命。做父親的悲痛欲絕，繼母也傷心至極，瑪格達非常喜愛這個僅比自己小四歲的繼子，赫爾穆特也最理解瑪格達內心的孤獨和痛苦。

兒子的出生、家庭成員的增加，並沒有彌補夫妻間的裂縫；對長子共同的哀悼也沒有使兩顆日漸疏遠的心重新靠近，反而使本已不太和諧的家庭又增添了一層陰影。瑪格達心境不佳，身體狀況也令人擔憂，不得不去外地療養。她心灰意冷，不願再做關在籠中的金絲鳥，她要飛出去，盡情地享受生活。

於是，瑪格達正式向丈夫提出離婚。

對鄺特來說，他們之間並沒有什麼站得住腳的離婚理由。那時，他的生意已打入北美和南美，正打算作一次長途旅行，第二次踏上美洲大陸。為了讓妻子散散心，忘卻喪子之痛，他請她同行。瑪格達欣然同意。於是，他們漂洋過海，第一站是紐約。在漫漫的大海漂行的船上，瑪格達得了一場大病，一下船就被送進了醫院。出院後兩人開始觀賞紐約的都市風光。鄺特沉迷於華爾街的股市，瑪格達則為自由女神像、曼哈頓的摩天大樓所吸引，紐約豪華、鋪張的社交生活更令她心曠神怡。她美麗的容貌、自如的談吐、高雅的氣質，征服了紐約的上流社會，贏得了眾多美國男人的心。他們當中最有名望、最富有的，當數美國總統胡佛的侄子、大資本家赫伯特·胡佛（Herbert Hoover）。

此次旅行，鄺特和瑪格達還帶上了他們的高級豪華轎車。這樣，他們開著車，偕同德國一起去的另一對夫婦，沿著美國東海岸，繼續美洲之旅。他們暢遊波士頓（Boston）、布法羅（Buffalo，水牛城）、三藩市（San Franciso，舊金山）和芝加哥（Chicago），觀賞尼亞加拉瀑布（Niagara Falls）。每到一地，丈夫們的腳印遍佈各大工廠及金融機構，尋找生意方面的門路；太太們得以參觀自然和人文景觀。緊接著，他們途經佛羅里達（Florida）直駛南美，在墨西哥城（Mexico City），度過了一九二八年元旦。瑪格達為異國風情所震撼，南美人對她這樣一個漂亮、白皙的西方女人所表示的好奇乃至崇拜，更使她怡然自得。她不無得意地在給母親的信中寫道：「這兒的浪漫和秀麗簡直無與倫比。君特很風趣，而我呢，就像他所希望的那樣，對什麼都感興趣。正如所料，我成了一道風景，金髮碧眼的白種女郎，在這裡實屬少見。當地人見了我都瞪大眼睛，驚訝不已。所到之處，總有那麼幾個多情男子拜倒在我的腳下。同行的其他幾個人都又黑又老，因此，我只能一個人承受這種輕浮的讚美和恭維。」

美洲之行，不僅使瑪格達大開眼界，而且使她暫時忘卻了感情的痛苦，更重要的是，她是社交場上的中心，眾人矚目的女人。在美洲，瑪格達大大風光了一陣。但是回到柏林，她的身體更加虛弱，她的苦悶和無聊有增無減。

鄺特開始對妻子實行「寬鬆」政策。他常帶她參加舞會和其他社交活動；她可以穿自己喜歡的衣服；他在經濟方面也不再那麼小氣，出手大方了許多。但是，這些都已於事無補了。

瑪格達結識了一位風流倜儻的青年學生，並同他有了一段短暫的婚外戀，得到了情感上的滿足和安慰。

和不善言辭的鄺特正好相反，這位大學生風趣幽默、精力充沛。他讚美瑪格達的容貌，欣賞她的打扮，愛慕她的才華，使她重新煥發青春的活力，她的生命又有了價值。他有的是時間，陪她看戲逛街、談情說愛、外出旅遊。世上沒有不透風的牆，瑪格達的私情終於被丈夫發現，鄺特當即將妻子趕出家門，並提出離婚。

瑪格達對離婚求之不得，只是目前的形勢對她極為不利。因為是她背叛了丈夫，法律將完全站在鄺特一邊，瑪格達不僅得不到分文，而且連撫養兒子的份兒也沒有。就在一籌莫展，為今後的生活擔憂的時候，她突然想到了幾年前曾在鄺特的抽屜裡發現的一疊信件，這些信都是些社會層次較低的女子在鄺特結婚前寫給他的，當時他與她們有過那麼幾次風流韻事。瑪格達找了個藉口，回到鄺特的別墅，偷偷將這些信取了出來，擺在律師面前。照理，這些信只是一堆廢紙，在法律上毫無作用，但是，鄺特是個有地位、要面子的人，何況他的家鄉閉塞保守，這些花邊新聞一旦公開，定會在小鎮上引起轟動。因此鄺特一改常態，爽快大方地同意在離婚以後，每月給瑪格達四千馬克，這在當時，算得上是一筆可觀的數目；鄺特擁有的一處農莊，瑪格達可以隨意進出，也可邀請客人一起去那兒消閒度假；另外，兒子哈拉爾德十四歲之前，瑪格達擁有撫養權。當然，如果瑪格達再婚，兒子將回到父親身邊，每月的錢也將停止支付。

有關事宜談妥後，一九二九年，瑪格達同鄺特正式離婚。分手的時候，兩人心平氣和。鄺特不愧為舊式紳士，不僅給前妻送去了鮮花，而且請她在柏林最有氣派的豪華飯店吃了一頓飯。

離了婚的瑪格達喜出望外。在這之前，她從未支配過那麼多錢，也從未享受過那麼多自由。離婚以後，同大學生一起看戲、旅遊、上飯館，更是名正言順。她在柏林的帝國總理廣場邊租了一間寬敞豪華的住房，按照自己的品味將新居精心佈置了一番，舒適、典雅。

瑪格達如今逍遙自在，但沒過多久，她發現自己並不幸福。她離開了孤獨、無聊的金色鳥籠，卻為另一種空虛所取代。在獲得自由的同時，她失去了生活的立足點，失去了生活的目標和方向。

當然，年近而立的瑪格達不乏追求者。那位英俊的大學生是一個，他一本正經地想放棄學業，找一份工作，娶瑪格達為妻。而在瑪格達眼裡，他只是個臨時情人，他們在一起有歡笑，有快樂，但她清楚地知道，他只能給她一時的滿足，不會使她終生幸福。

她所崇拜仰慕的男人，必須自信自強、目標明確，同時在某一領域出類拔萃，具有一種特殊的魅力。顯然，維克多和鄺特都屬於這一類人。而她的大學生情人則同她的標準相去甚遠。

在追求者中，出類拔萃的不是沒有，赫伯特・胡佛就是其中之一。我們前面提到過的這位美國大資本家，不僅比鄺特還要富有，而且長得一表人才，更有一個當總統的叔叔。聽說瑪格達如今單身一人，他千里迢迢從美國趕到柏林向她求婚。然而，在經歷了婚變以後，瑪格達對闊太太的生活已失去了興趣。她不願在豪華的宅第充當漂亮的擺設，她要走出家門，同具備領導氣質、事業成功的丈夫一起讓人敬畏、令人仰慕。百萬富翁鄺特令她大失所望，又有誰能保證，億萬富翁胡佛會讓她滿意？胡佛似乎沒有料到，瑪格達會斷然拒絕，這一答覆使他惘然若失。也許受情緒的影響，他駕車超速行駛，發生車禍，坐在一旁的瑪格達受外傷住進了醫院，一呆就是好幾個星期方得康復。

為了消遣解悶、打發時光，瑪格達出入柏林的貴人俱樂部，結識了一些貴族和有錢人。他們當中不乏希特勒的追隨者和支持者。當時納粹還是一個區區小黨，為何受人青睞？原來，第一次世界大戰後德國經濟蕭條，當時的政府對此束手無策。希特勒乘機打起了解決就業問題的幌子，吸引了許多走投無路的人。照理，這些貴婦闊少並不愁吃穿，也不愁沒有錢花，但是，他們和瑪格達一樣，為無所事事而感到無聊，為空虛的精神無處寄託而犯愁。他們希望改變這種百無聊賴的狀況，卻又無所適從；他們充滿獵奇心理，期待「新生事物」出現，希望有機會一顯身手。納粹黨極具煽動性的言論，使他們備受鼓舞，鬆散的精神一下子振作起來，閒散的生活一下子有了奮鬥的目標和方向。

對瑪格達後來的丈夫、納粹柏林分部頭目戈培爾，這些人倍加讚賞。當時，希特勒仍留守德國南部的慕尼黑，柏林及周邊地區，則由戈培爾負責。為了使希特勒得以上台，身為德國語言文學博士的戈培爾，拿出他那能說會道、造謠說謊的看家本領，展開了前所未有的宣傳攻勢。他在全國範圍內，組織了六千場集會，他用惡毒的語言，攻擊政府、褻瀆猶太人，得到了意想不到的成功：一九三〇年九月，納粹這個區區小黨，竟在帝國議會選舉中，得票列居第二。

對政治既無興趣也無熱情的瑪格達接受了俱樂部裡幾個貴婦闊少的引薦，參加了一次納粹黨組織的大選集會，她不過是想瞭解一下納粹黨究竟是怎麼回事，也想親眼一睹戈培爾的「風采」。

打扮入時的貴婦人瑪格達，在這樣的集會上顯得格格不入。她的周圍大都是些舉止野蠻、談吐粗魯、渾身發出汗臭的「無產者」。但是，她被場內的氣氛所吸引，為戈培爾的口才所打動。身材瘦小的戈培爾身穿黑色皮夾克，略跛著腳走進會場，在歡呼雀躍中，用平靜、低沉的聲音開始講話，這時，全場鴉雀無聲。緊接著，他大喊、嘶叫，他指責十一月革命者，稱他們為「人民的敵人」；他叫喊著打倒猶太資本家，說他們是貧困之源。最後，他又用飽滿、動情的語調提到希特勒，稱他為德國人民的「救世主」。

瑪格達第二天就加入了納粹黨。她並沒有完全理解納粹的意圖，也沒有多加考慮。這不打緊，希特勒的《我的奮鬥》（*Mein Kampf*）她可以從頭到尾慢慢細讀，戈培爾主編和登載他大量文章的報紙《進攻》（*Der Angriff*）她可以每期訂閱。更重要的是，戈培爾的嘶叫使她興奮，她告別了無精打采，告別了無所事事，她的人生有了立足點。

不過，一開始瑪格達還是受了點小挫折。她被安排負責她所在區的納粹婦女工作。她的下屬都生活在社會下層，離了婚的鄺特太太，無疑成了「稀有動物」。她們不是對她時髦的衣著指指點點，就是對她過去的生活竊竊私語，唯獨對她認真準備的報告毫無興趣。瑪格達不免有些失望，無奈之下，她將目光投向納粹柏林總部。她要靠近戈培爾，靠近這個給她乃至整個柏林帶來「希望」的人。因為精通外語，受過良好的教育，不費什麼力氣，她就在檔案處找到了用武之地：閱讀和剪裁報刊文章，包括外國報紙對納粹的評論。

一九三〇年就要接近尾聲，瑪格達和戈培爾在辦公樓裡不期而遇，兩人一見鍾情。瑪格達的母親後來這樣描述當時的情景：「聽起來似乎很好笑。他們相互凝視了片刻，幾秒鐘內在兩人之間燃起了愛的火花。瑪格達向門外走去，而戈培爾呆呆地站在那裡驚詫不已。」

顯然，戈培爾被瑪格達美麗的容貌和富有魅力的氣質所打動。第二天，他將瑪格達叫到自己的辦公室，只是請她幫助建立一個秘密檔案，沒有多囉嗦一句話，「唯有他的眼睛似乎要將她吞下。很久以後她告訴我：『我想，我會在這炙熱的眼神下燃燒。』那時候，她已從他那兒得知，他對自己一見鍾情。而她又何嘗不是如此。」瑪格達的母親如是說。

這以後，兩人的關係有了進一步發展。瑪格達從戈培爾的下級，一躍成了他的情人。戈培爾得意揚揚，對他們的感情經歷，不時會在日記裡進行一番描述。

一九三一年二月十五日，他這樣寫道：「瑪格達・鄺特晚上來了，在這兒待了很長時間……多麼漂亮的女人！我會非常愛她。今天對我來說簡直就像在夢中一般，心中充滿了幸福。愛上一個漂亮的女人，也被她所愛，真是太美好了……」

一周以後的二月二十三日，瑪格達已陪伴戈培爾去外地參加助選集會。每作完一次具有極端煽動性的報告，追隨者們都會將他扛在肩上，歡呼雀躍。戈培爾在日記中不無得意地寫道：「就是過去的國王也沒有這樣的待遇。」

在戈培爾這一段時間的日記裡，他一方面為自己政治仕途的成功而沾沾自喜，另一方面為有瑪格達這樣一個美麗聰明的女性相伴而陶醉。他用盡了讚美之詞：「……瑪格達讓人心醉，那麼一個俊俏、可愛的女人……我和瑪格達・鄺特單獨呆到深夜。她是一個有魅力的漂亮、善良的女人，她非常愛我。瑪格達美麗如夢，我愛她。」

三月十五日的日記裡，戈培爾又無比幸福地寫道：「三月十五日：昨天真是個美好的日子……晚上可愛的瑪格達來了。我非常喜歡她，主要因為她那麼有理性。她的生活觀明智、現實，同時，她的思想和行動都頗有遠見。」接著，戈培爾信誓旦旦：「今後，我將放棄別的女人，只愛她一個人。今天下午我和瑪格達相約去動物園散步，那裡春色滿園。無論如何，生活還是很美好。噢，女王！」

當然，戈培爾同他的「女王」關係的發展並不總是一帆風順。戈培爾知道那時瑪格達與大學生仍藕斷絲連，醋意頓生，自尊心大受損傷。況且，瑪格達約會時常常無緣無故姍姍來遲，擺盡了架子。用戈培爾自己的話來說，瑪格達「既給了我無窮的歡樂，也給了我無盡的折磨」。更有甚者，瑪格達過去的「陰影」也始終折磨著戈培爾。我們可以推測，她將自己的經歷向戈培爾和盤托出：她曾有一個猶太繼父，她和一位優秀的猶太青年有過一段戀情，她積極地參與猶太復國青年組織的討論和活動，曾打過移居巴勒斯坦的主意。不然，僅僅因為瑪格達曾經做過鄺特太太，因為她和大學生的風流羅曼史，我們不會在戈培爾的日記裡找到如此嚴厲的措詞：「（一九三一年七月十七日）為了我們的幸福和瑪格達發生激烈的爭論。過去她非常輕率，極不慎重。現在，我們兩人都得因此贖罪。我們的命運如千鈞一髮，但願我們不會毀於一旦。」

戈培爾這裡指的無疑是瑪格達的「猶太歷史」。上個世紀三〇年代伊始，納粹尚未上台，他們對猶太人的攻擊僅僅停留在口頭和文字。但是，可以想見，一旦希特勒得知瑪格達的底細，戈培爾最看重的政治仕途將徹底葬送，怎能不讓他膽戰心驚？另外，在兩人關係方面，瑪格達受到重重阻力。鄺特對前妻的新歡及其「領袖」無任何好感，更不希望瑪格達向年幼的兒子哈拉爾德灌輸納粹思想；瑪格達的母親不喜歡戈培爾；瑪格達住在萊茵河畔的生父更是大發雷霆，聲稱要和瑪格達斷絕父女關係。

但是，這些都沒有拆散這一對熱戀中的情人。無論是父母，或是過去的男友，還是前夫鄺特都未將瑪格達抬舉得那麼高，使她飄然若仙；戈培爾對她的狂熱追求和強烈的嫉妒也使她暗自得意。瑪格達在戈培爾成功和受挫的時候，都相伴左右。她佩服他的口才，也為追隨者們對他的崇拜所吸引。她期待在他的身邊，有朝一日實現自己最大的願望——被人羨慕、讓人讚美，和他一起璀璨發光。

母親提醒瑪格達，若是嫁給戈培爾，意味著失去鄺特每月支付的四千馬克，而戈培爾的工資，與之相差甚遠，她的生活水準將大大下降。瑪格達卻顯得異常冷靜，她答道：「我相信，德國的政治發展只有兩種可能，不是共產主義將我們吞併，就是納粹一統天下。倘若紅旗在柏林上空飄揚，資本主義將不復存在，我從鄺特那裡得不到分文；相反，如果希特勒能夠獲得政權，我就是德國數一數二的女人。」

成為「數一數二的女人」，乃是瑪格達的人生最高理想，她果然如願以償。在納粹上台後，因為與希特勒的特殊關係，也因為希特勒沒有名正言順的太太，她甚至被視為「第三帝國的第一夫人」。她終於站在希特勒和戈培爾這兩個男人身邊，為一些人羨慕所羡慕和讚揚。這是後話。

話說回來，瑪格達真要實現這最高理想，還得有機遇。她首先要結識希特勒，還要成為他的知己，要在他的心目中占據重要的地位。到現在為止，希特勒是戈培爾的頂頭上司，瑪格達是戈培爾的未婚妻，希特勒寫的《我的奮鬥》一書瑪格達早已熟讀，她對希特勒心馳神往，但是，希特勒本人尚未在她的視野中出現。

希特勒出場的時機終於到了。

一九三一年秋天，希特勒的官邸從慕尼黑遷往柏林。固然，作為首都，柏林在政治上具有更特殊、更重要的地位。但希特勒此時東遷，還有其個人原因。幾周以前，一個名叫格莉・勞巴爾的少女手持希特勒的手槍，在慕尼黑希特勒的寓所自殺身亡。

格莉是希特勒的外甥女，卻與舅舅關係曖昧，生前住在希特勒那兒。有的歷史學家認為，她是希特勒一生唯一真正愛過的女人。對格莉之死眾說紛紜，至今仍是個難解的謎，但有一點可以肯定，她的自殺與希特勒有很大關係。如果真是如此，那麼可以想像，格莉之死給了希特勒多麼沉重的打擊。據說，外甥女死後很長時間，希特勒鬱鬱寡歡，他深深地沉浸在失去心愛的女人的痛苦之中。他匆匆離開慕尼黑，為的是忘卻。

就在這時，希特勒和瑪格達相識。

瑪格達與她敬仰、崇拜的希特勒相遇，就像一出精心策劃的舞台戲，而這出戲的總導演，竟是瑪格達本人。

就在希特勒來到柏林後不久的一個下午，瑪格達帶著兒子哈拉爾德在希特勒下榻、辦公的豪華飯店大廳喝茶。瑪格達特意為兒子縫製了一件希特勒少年隊制服，不到十歲的哈拉爾德穿在身上，十分自豪得意。聽說希特勒就在樓上，瑪格達命兒子前往。哈拉爾德在母親的調教下，一向口齒伶俐，能說會道，闖勁十足。到了希特勒身邊，年紀小小的哈拉爾德毫不拘束地行了個納粹禮，一下就引起了這個納粹頭目的注意，他們之間有了一段對話。在短短的對話中，哈拉爾德很自然地將自己的母親介紹給了希特勒，使後者對瑪格達產生了濃厚的興趣。

當時，有個名叫奧托・瓦格納（Otto Wagener）的人也在場。在納粹統治德國之前，他是希特勒的貼身親信，瞭解很多鮮為人知的內幕，並把它們寫入日記。這樣，奧托為後人留下了一疊珍貴的史料，為我們展示了希特勒和瑪格達之間的特殊關係。

希特勒和哈拉爾德的初次對話，在奧托的日記裡就有詳細記錄：

「你叫什麼名字？」希特勒一邊詢問，一邊把手伸給哈拉爾德。

「哈拉爾德・鄺特。」

「幾歲了？」

「十歲！」

「那麼神氣的制服是誰給你做的？」

「我的母親。」

「穿著制服你感覺如何?」

男孩挺了挺胸說:「力量大了一倍!」

希特勒瞪大眼睛對我說:「您聽聽,穿著制服力量大了一倍!」接著,他又對男孩說:「你來我這兒真好。你怎麼知道我在這兒的?」

「是我母親告訴我的。」

「那你母親在哪兒?」

「在樓下大廳喝茶。」

「向你母親問好,過一段時間你可以過來玩玩。」

過了一會兒,瑪格達已和希特勒及其隨從坐在一張桌上喝起茶來,一見面雙方就產生了好感。奧托作了以下描述:

鄺特太太一開始就給人留下了深刻的印象,隨著談話的深入,這種印象更為完美……。我注意到,希特勒多麼喜歡她充滿友善的活潑神情;同時我也注意到,她又如何睜大著雙眼捕捉希特勒的眼神……。

我不得不提醒希特勒，該為去看歌劇作準備了。希特勒和瑪格達之間沒有什麼特別的承諾，但是毫無疑問，從那以後，他們的友誼和相互仰慕開始了。

希特勒和瑪格達一拍即合。他們成為知己、相互敬仰。希特勒和他後來的宣傳部長的太太之間不同尋常的友誼從此拉開了序幕。

幾天以後，希特勒若有所思，當著奧托的面提起瑪格達：「我不用和這個女人結為夫妻，她也會在我的生活中起至關重要的作用，在工作中，她可以發揮其女性才能，對我單一的男性直覺作一補充……。可惜，她如今尚未結婚。」

希特勒和瑪格達的心靈默契，奧托早已看在眼裡，他對希特勒的提示心領神會，這樣，他和瑪格達之間有了一段推心置腹的秘密對話。

那是瑪格達同希特勒相識後不久的一天，奧托和瑪格達單獨在一起，話題很自然地轉到了希特勒。他說：「我在希特勒身邊工作多年，對他的脾氣、性格瞭若指掌。他一心想著國家和事業，難免有時會不食人間煙火。因此，他需要有一位女性知己，使他在獻身事業的同時，能夠貼近生活。原本，他可以娶個太太，但是希特勒不想結婚。」

瑪格達仔細聽著，不住地點頭，充滿了敬佩之情。對於希特勒不考慮婚姻，她深表理解。對她來說，希特勒不是凡夫俗子，當然不應以尋常眼光去看待他。

奧托見時機已到，就開始向瑪格達攤牌：「我看，您做這樣的女性是再合適不過的了。」

一陣紅暈在瑪格達臉上掠過。看得出來，她感到榮幸而自豪。被希特勒視為知己，對瑪格達來說無疑意味著榮耀，意味著權力，意味著地位上升，同時也意味著自己和「數一數二的女人」的目標已相距不遠。這正是她夢寐以求的。

「那我得先結婚成家了。」瑪格達說。

奧托微笑著點頭：「是的。這樣你有時也可陪伴希特勒一起看看戲、聽聽歌劇。戈培爾是個不錯的人選，希特勒對他也非常器重。婚後，你們可以共同履行這一光榮而艱鉅的任務。」

一九三一年十二月，瑪格達和戈培爾結為夫妻，她再次告別獨身生活，姓氏也由鄺特改為戈培爾。新郎的上司、新娘的知己希特勒理所當然地成了證婚人。而婚禮喜宴的地點則選擇在瑪格達前夫鄺特在柏林郊外的莊園，因為按照約定瑪格達可以自由出入和使用這座莊園。莊園成為瑪格達與戈培爾的婚禮所在地，鄺特對此竟一無所知。

許多納粹上層人物認為戈培爾娶瑪格達為妻，是因為他想利用瑪格達和希特勒的特殊關係，青雲直上，實現其政治野心，不然，這位迷戀女色的戈培爾不會輕易放棄自由自在、放蕩不羈的單身漢生活。從上面引述的戈培爾日記來看，這種猜測並不正確。而在第三帝國時期拍攝過好幾部納粹宣傳片的著名女導演萊妮．里芬施塔爾則認為瑪格達從與鄺特離婚，直到去戈培爾領導的納粹黨的宣傳部門求職，都是為了達到同一目的，那就是嫁給希特勒，後來得知希特勒不願意結婚，這才成了戈培爾太太。這一說法也與事實相去甚遠，瑪格達和鄺特分手完全是因為兩人性格不合、感情不和以及瑪格達不滿於現狀，這一點兩位當事人都直言不諱；而她在與希特勒相識之前，就已委身於戈培爾，這一點在戈培爾的日記中也有所記載。

瑪格達和戈培爾結婚後，希特勒成了戈培爾夫婦家的座上客。他常在他們家用餐，有時還帶上納粹政要，在瑪格達家開會議政。「領袖」的器重讓瑪格達深感榮幸和自豪。那時她已懷孕，整天忙於和僕人一起為客人張羅飯菜，陪他們聊天，彈幾首曲子助興，還得在經濟上精打細算。雖則身心都有一定的壓力，但她卻樂此不疲，她盼望倚仗希特勒對她的重視，自己出頭露面的機會能早日到來。

瑪格達同戈培爾結婚後的頭一年，德國時局尚不明朗，納粹能否站得住腳，還是未知數。戈培爾展開了更強大的宣傳攻勢，全身心投入其中，竭盡全力，期待希特勒能夠上台。他在日記中寫道：「我緊握希特勒的手，對他說：『祝您奪權成功！』」他又寫道：「我們要奮鬥、獲勝，或者去死！」顯然，戈培爾早已孤注一擲，將賭注全部押在希特勒身上。戈培爾太太又何嘗不是如此。受過良好教育而又有幾分姿色的她實在太想耀眼風光一番，太希望出人頭地。只有納粹黨和希特勒上台，才能圓其美夢，因此，對瑪格達來說，一九三二年是企盼、緊張、興奮、焦慮交織的一年。

這樣大起大落的心緒，給瑪格達帶來了不良後果。一九三二年年底，在順利產下長女後不久，她被送進了醫院，生命危在旦夕。戈培爾連夜從六百公里外的希特勒身邊趕到醫院，知道妻子病情嚴重。我們在他的日記裡讀到了他焦慮不安的心情：「整個晚上，我都在顫抖，在祈禱：上帝啊，不要將這個女人帶走，我不能沒有她。黎明時分到達，立刻趕往醫院。問題非常嚴重，我作了最壞的打算。」

瑪格達卻大難不死。兩個月以後，她回到家中。戈培爾鬆了一大口氣，希特勒也對她表示關切。妻子出院那天，戈培爾寫道：瑪格達「臉色還很蒼白。希特勒待她太好了。勞巴爾太太（希特勒的同父異母姐姐）也在。我們在家中慶祝重逢，我太高興了。瑪格達是我最親愛的人。」

與此同時，希特勒奪權成功，當上了帝國總理。但一開始，他尚未包攬大權，僅有幾個納粹政要進入內閣，勞苦功高的戈培爾竟沒有得到一官半職。他倍感委屈，暗自責怪希特勒忘恩負義，將他撇在一邊，他甚至喪失了原有的工作熱情。從戈培爾的日記中我們瞭解到，瑪格達也非常傷心，丈夫的際遇牽連著她的命運，戈培爾的失寵同時意味著她被剝奪了拋頭露面的機會，無緣成為「數一數二的女人」。對瑪格達來說，這是致命的打擊。

但是不久以後，時來運轉，希特勒沒有花費太大的力氣，包攬大權，第三帝國成了納粹的天地。希特勒不僅意識到戈培爾過去功勞顯赫，也深知自己今後少不了戈培爾，於是任命他為宣傳部長，這樣瑪格達當上了期盼已久的部長太太。

希特勒聲稱獻身德國，不願結婚。雖然金屋藏嬌，但他的情婦愛娃・布勞恩的公開身份是總理府的秘書。這樣，身為納粹總理希特勒的知己、宣傳部長戈培爾太太的瑪格達理所當然地成為「德意志第三帝國的第一夫人」。從此，這位「第一夫人」不僅家中賓客盈門，並且頻繁出入社交場合，出盡了風頭。她隨戈培爾出訪法西斯義大利，所到之處倍受款待，她以翩翩風度以及豐富的語言知識，贏得了讚美。

瑪格達竭盡全力為「領袖」效勞。一方面，這是她夢寐以求的目標，另一方面，她也為希特勒感到驕傲和自豪。瑪格達的同父異母妹妹戰後回憶道：「她以帝國『第一夫人』的身份出現。只要和來賓有關的事宜，她都要一一操心。她樂此不疲，因為她是為希特勒做這些事。」

同時，希特勒經常單獨與瑪格達傾心交談，採納她的意見，對她寄予了極大的信任。希特勒的管家赫伯特・德林說：「她是少有的幾個女人之一，他聽取並接受她的建議，或許還將這些建議付諸行動，包括有關教育問題。」

戈培爾的私人秘書維爾弗里德・馮・奧奮（Wilfried von Oven）的所聞所見略同：「希特勒和戈培爾太太的關係純粹是思想上的交流，但是非常密切。希特勒不僅跟她談得很多，而且很喜歡也願意與她單獨交談。」

與此同時，戈培爾動用其控制的全部宣傳工具，為迫害和屠殺猶太人作準備。許多猶太人陸續背井離鄉，離開德國，另找生存之地。

戈培爾的妻子瑪格達在慈愛的猶太繼父身邊度過了成長中最重要的青少年時期，曾經真誠地愛過富有魅力的猶太青年，此時，她又是何種心情？是無可奈何，還是麻木不仁？我們不得而知。但有一點卻可以肯定，瑪格達深深地投入了納粹的懷抱，希特勒和他的思想已成為她生命的一部分。對希特勒和戈培爾的所作所為無論是贊同還是反對，她都要緊跟在後，絕無回頭之路。更何況，是他們使她實現了最高目標，成為眾人羨慕的宣傳部長太太、第三帝國「第一夫人」。如今，唯有告別過去、背叛繼父和朋友，才能繼續高高在上，保持現有的地位。

可是，歷史常常會捉弄人。就在瑪格達要同自己的「猶太歷史」決裂之時，她舊時的男友、早已遷居巴勒斯坦的維克多・阿洛索羅夫再一次闖入她的生活，雖然只有短短的幾分鐘，但很有可能因此帶來了無可挽回的後果。

維克多二〇年代定居巴勒斯坦後，一直為建立猶太人自己的國家奔走，成了年輕有為的猶太復國領袖之一。一九三三年納粹上台後，大批猶太人被迫離開德國，許多人去了巴勒斯坦（Palestine）。同年五月，維克多帶著艱鉅的使命重返德國。他要同納粹德國談判，希望他們同意離開德國的猶太人將部分錢財通過第三國銀行帶走。

到德國的當天，維克多在柏林街頭漫步。無意之中，在一家照相館的櫥窗裡瞥見了一張照片。照片上，男的是納粹政府宣傳部長戈培爾，而他身邊的女人，分明是自己中學時代的女友瑪格達。在驚訝、惘然和悲傷之餘，他有了一個新的主意。他希望通過瑪格達，與納粹更上層的政要接觸，以求順利完成使命。他不顧朋友的阻攔，撥通了瑪格達的電話。瑪格達警告維克多，今後不得和她聯繫，否則，不僅會給他自己，也會給她本人帶來巨大的危險。

一九三三年六月，維克多回到特拉維夫的第二天，不幸的事情發生了：這位猶太復國運動最年輕的傑出外交家慘遭暗殺。當時許多人推測，維克多主張和阿拉伯人和平相處，主張和納粹政府談判，被猶太內部的強硬派視為眼中釘，因此，劊子手一定是猶太人。但也有人認為是戈培爾一手操辦的，這樣瑪格達的「猶太歷史」得以隱瞞下來。事實上，維克多被暗殺以後，瑪格達中學時代的好友、維克多的妹妹莉莎一直不敢吐露真情，直到臨死之前，才將瑪格達和維克多青年時的戀情公布於世。那時，兩個當事人都早已命歸黃泉。

瑪格達的繼父、瑪格達的母親離了婚的丈夫弗里德倫德爾，是和瑪格達有過密切關係的又一個猶太人。早在大規模迫害猶太人尚未開始的一九三八年，他就被關進了布痕瓦爾德集中營（Buchenwald）。一九三九年，他又回到了柏林，但那已不是他本人，而是裝在骨灰盒裡的一撮骨灰。

瑪格達當時是否獲悉維克多在給自己打過電話後不久慘遭暗殺，我們不得而知；她是不是知道曾經視她為親生女兒的繼父慘死在集中營，史料中沒有記載。即便知道了，冷酷的她或許無暇顧及，因為她和戈培爾的夫妻生活也並不那麼一帆風順。

問題出在瑪格達的最高目標上。她一生追求權力和榮耀，如今身為「第一夫人」，有權自然不會輕易放手。母親節她在電台向全國婦女發表講話，並且出任新成立的「德國時裝局」名譽主席。而她的丈夫則要求女人在家生兒育女、操持家務。他認為：「女人在政治場合沒有說話的餘地。」這樣，矛盾和衝突無法避免。

一賭氣，瑪格達拒絕和丈夫一起參加瓦格納音樂節。包括希特勒在內的納粹政要每年都會前往拜羅伊特，在瓦格納音樂節上露面。作為宣傳部長太太的瑪格達負氣在家，自然有失體統。

這時，希特勒再一次出場。他從中調停，瑪格達對自己的這位知己還是言聽計從，在音樂節開始以後，匆匆趕到拜羅伊特。戈培爾感激不盡：「他在我和瑪格達之間調解，不愧為真正的朋友。」

瑪格達最終並沒有偏離希特勒和戈培爾對女人的要求，到一九四〇年十月，她和戈培爾生有五女一子⑤。

身為宣傳部長的戈培爾，不僅掌握著報紙、電台等宣傳工具，同時包攬電影發行大

---

⑤這五女一子分別是：海格（Helga），希爾達（Hilda），赫爾姆（Helmut），海霍德爾（Holde），海達（Hedda）和海德（Heide）。——編按

權。與此同時，戈培爾早就將當初「只愛她一個人」的旦旦誓言拋到腦後，許多女秘書、女演員，成了他的情婦。瑪格達雖然非常傷心失望，但一開始，她沒有向戈培爾提出分手。是什麼讓向來我行我素的瑪格達如此優柔寡斷、猶豫不決？我們只能作一番猜測：或許是考慮到膝下成群的兒女，更有可能捨不得部長太太的頭銜以及由此帶來的榮耀和特權，或許她也預料到希特勒不會輕易同意。

但是有一回，瑪格達忍無可忍，向丈夫提出離婚，因為戈培爾動了真格，癡情地愛上了一位年輕漂亮的女演員。

這位捷克籍的女演員名叫麗達・巴羅娃（Lida Baarova），宣傳部長對她一見鍾情。他們很快打得火熱，巴羅娃甚至在演藝圈裡聲稱，戈培爾要在離婚以後娶她為妻。他們極為放肆，當著瑪格達的面挑明他們相愛。但是，戈培爾並不想離婚，他清楚地知道，離婚同時意味著為自己的政治仕途劃上句號。

瑪格達的心情是矛盾的。她無法接受現實，但又不想離開戈培爾。於是竭力為自己尋找藉口。她對女友說：「我不知道怎麼辦。約瑟夫是一個不同尋常的人，無論如何，他不是個普通人，我一直這樣對自己說。顯然，他真的愛上了巴羅娃，有了這樣一個像他所說的小老婆，也許他不會再去別處尋花問柳。不然，他的名譽和地位都會毀於一旦。我要設法挺過去，試著去理解他。也許我可以通過大度使約瑟夫留在我身邊。他和巴羅娃的戀情遲早會結束，如果我現在離開他，那我將永遠失去丈夫。相反，如果我現在留下，那以後年紀大了，約瑟夫就完全屬於我了。」

在此，瑪格達扮演了一個既可悲又可憐的角色。可悲的是她不得不以丈夫是「一個不同尋常的人」為藉口，勉強說服自己原諒他，她也很可憐，她希望自己現在忍氣吞聲，換來晚年的夫妻幸福。

但是，事實並沒有瑪格達想像的那麼簡單，和睦的家庭生活不復存在，瑪格達終於下定決心，同丈夫離婚。她痛苦地對女友說：「我要離婚。曾經被我視為上帝的人，原來是個魔鬼……」

可是，瑪格達要和戈培爾離婚並不是件簡單的事，首先要徵得希特勒的同意。

希特勒表示反對。他清楚地知道，如果同意他們離婚，就必須同時摘去戈培爾的烏紗帽。戈培爾在納粹上層樹敵頗多，在那些人眼裡，戈培爾和巴羅娃的私情不僅僅是婚外戀、第三者插足，更是宣傳部長濫用職權的表現。而這時的希特勒，太需要他的心腹戈培爾了。他正積極準備第二次世界大戰，唯有這個擅長編造謊言的戈培爾，可以替他掩蓋真相、顛倒是非、蠱惑人心。沒有人可以替代這個宣傳部長。因此，希特勒要求瑪格達不得張揚此事，對外仍和丈夫和好如初，別的條件則好商量。

瑪格達一如既往，對希特勒言聽計從，此後的幾個星期，她和戈培爾一起接待來賓，出現在公眾場合。她提出的條件，卻讓丈夫難以接受：戈培爾必須和巴羅娃徹底斷絕關係。

一個月以後，希特勒和瑪格達相對而坐，傾聽她吐露內心的痛苦，並且在戈培爾一無所知的情況下，接受了瑪格達提出的要求：首先結束巴羅娃在德國的演員生涯，將她趕回捷克；其次，對於在這件事上幫助過瑪格達的人，不得施加任何報復行動。與此同時，在希特勒的一手操辦下，瑪格達和戈培爾簽訂了一份協議：瑪格達有一年時間考慮，在這一年中，夫妻分居，對外她仍是戈培爾夫人。一年之後，如果瑪格達覺得有必要，雙方可以離婚，兒女跟隨母親，瑪格達將得到一筆豐厚的經濟補償。除了戈培爾夫婦，希特勒也在協議上簽了字。

據說，這是希特勒唯一一次干預下級的私生活。他這樣做首先是為了維護自己的利益，同時我們也可以看出瑪格達在希特勒心目中享有的地位，對於自己選中的這位異性知己，希特勒特別厚待，為了順從瑪格達的意願，他不惜犧牲部下的利益。

比爾吉塔・沃爾夫是戈培爾夫婦的鄰居，也是知情人，她是這樣說的：瑪格達「和希特勒的關係非常好。希特勒是她孩子的教父，要是約瑟夫・戈培爾有一點不軌，希特勒就站在她的一邊，把他們夫婦叫到帝國總理府去談話」。

瑪格達說的幫助過她的人中，有一個名叫卡爾・漢克（Karl Hanke）的。他當時的職務是納粹宣傳部的國務秘書，戈培爾的直接下級。戈培爾收到和發出的書信檔，必經漢克之手，因此，他對戈培爾在外尋花問柳瞭若指掌，對瑪格達由同情而產生愛慕，決定幫助瑪格達，並希望自己能在瑪格達離婚後娶她為妻。戈培爾萬萬沒有想到，就是這個自己一貫信賴的漢克，在希特勒面前攤出了確鑿有力的證據，使戈培爾這樣一個善於顛倒事實的人啞口無言，不得不簽下了對自己極為不利的協議。

但是，漢克也同樣失算了。在這一年中，瑪格達一定思緒萬千、進退兩難，但最後，她還是選擇了戈培爾。這樣的選擇其實不難預料，即便瑪格達不考慮六個年幼的子女，她也不會輕易放棄部長太太的地位與榮耀。希特勒巧妙地運用緩兵之計，不僅保住了戈培爾的家庭，也為自己保住了一個不可多得的戰爭宣傳工具。

很快，第二次世界大戰爆發，戈培爾夫婦的個人恩怨也消失在硝煙戰火之中。戈培爾巧妙地利用輿論工具配合希特勒的侵略戰爭，而瑪格達以當年參加猶太復國運動的熱情，積極配合希特勒的倒行逆施。她參加護士培訓班，並且主動將剛滿十八歲的長子哈拉爾德送往前線。她振作精神，再一次以「第一夫人」的姿態出現在人們面前。她參與接待外國來賓、關注前線士兵的膳食、幫助士兵家屬解決困難。她每天都會收到許多婦女的來信，有的尋求幫助，有的則向她表示自己的敬佩之意。瑪格達的生活似乎又有了目標和方向。也許她對第三帝國和她的「領袖」、知己希特勒產生過懷疑，但是她將自己看作第三帝國的一部分，已經沒有退路了。

瑪格達的丈夫戈培爾並沒有改變好色的本性，瑪格達對他徹底失望了。一九四四年，就在納粹德國瀕臨崩潰之際，瑪格達愛上了漢克的後任維爾納·瑙曼（Werner Naumann）。因為工作關係，瑙曼是戈培爾家的常客，同漢克相仿，他同情瑪格達的遭遇，向她伸出了溫暖的友誼之手。和單身一人的漢克不同的是，瑙曼有妻子兒女，有一個幸福溫馨的家庭，因此，他對瑪格達並無非分之想。但是，長期被丈夫冷落的瑪格達，卻像一個大膽的十六、七歲情竇初開的少女，在家偷偷地寫起了情詩，匿名寄給瑙曼。瑪格達一定預料到這種單相思不會有什麼結果，果然，戈培爾得知後，找瑙曼談話，後者斷絕了與瑪格達的來往。

一九四四年十二月，希特勒在戈培爾家寬敞豪華的別墅度過了最後一個耶誕節。在場的人心裡都明白，納粹德國最終失敗的日子已經指日可待了。

瑪格達決定和納粹政權同歸於盡。一九四五年新年的鐘聲剛剛敲響，她已開始從心理上作準備。對每個人來說，自願走向死亡是件痛苦的事，瑪格達也不例外。她要為自己找一條理由，證明自己和孩子別無選擇，只有死路一條，才能心安理得走這一步。

一九四五年二月，瑪格達將心中的秘密告訴了最要好的女友愛羅・鄺特（Ello Quandt）。從姓氏不難猜到，她和瑪格達的前夫家有關。的確，愛羅曾是君特・鄺特的弟媳婦、瑪格達的妯娌，後來也同丈夫離了婚。當愛羅聽說瑪格達要和希特勒、戈培爾一同走向死亡，並且打算把六個年幼的孩子一起帶走時，大驚失色，對瑪格達說：「你和孩子沒有犯什麼罪呀！」

瑪格達回答說：「我是參與者，我曾相信希特勒，很長時間，對戈培爾也寄予了很大的信任。我是即將崩潰的第三帝國的一部分。你無法理解我的處境，我該怎麼辦？假如我活下去，那一定很快被捕，人們要我交代約瑟夫的言行。如果我說實話，那我就要述說他是什麼樣的人，要詳細道出內幕，所有正直的人都會對我嗤之以鼻。他們會想，在我丈夫、我們六個孩子的父親命歸黃泉或蹲監獄的時候，我卻不擇手段對他惡毒中傷。在外人眼裡，我在他身邊享盡榮華富貴，作為妻子我死心塌地跟他到最後。如果我說，我已不再真心愛他，又有誰會相信。也許我仍不顧他對我的傷害、不顧理性地愛著他。不管我心裡怎麼想，約瑟夫是我的丈夫，我必須對他忠誠，真正的忠誠，始終不渝。因此，我不能去控訴他，在他一敗塗地以後更不能！」

假設愛羅戰後敘述的這段對話真實可信，那麼瑪格達死到臨頭，在理性上還是認清了希特勒、戈培爾的真實面目，但她已將自己視為戈培爾和希特勒，乃至第三帝國的一部分，除了和他們一同走向墳墓，別無選擇。

一九四五年四月，就在納粹德國末日即將來臨的前十天，戈培爾夫婦和他們六個年幼的子女搬到了總理府地下避彈室。那裡設施齊全，有一間獨立的水電、空調系統，雖然和納粹政要們在地面上的豪華、奢侈的別墅不可同日而語，但居室布局和地面上的沒有什麼兩樣。希特勒的住處和戈培爾一家，只隔著一條走廊。

瑪格達已經完全作好了自殺的思想準備。但是，希特勒並不同意瑪格達帶著六個年幼的孩子和自己同歸於盡。他希望瑪格達攜帶孩子離開地下避彈室、離開柏林，並給她提供了機會。瑪格達拒絕了。

一九四五年四月三十日上午，希特勒和留在地下避彈室裡的死黨以及其他工作人員訣別。他走到自己選擇的異性知己瑪格達的面前，雙方互相凝視了許久。突然，希特勒取下他長年佩戴在軍服上的金質納粹黨徽章，別在瑪格達的上衣上。

瑪格達是第三帝國唯一得此勳章的女人。戈培爾說，這是她的功績所得。瑪格達熱淚盈眶，是為在生命最後一刻得此「殊榮」而感到驕傲自豪，還是為末日將臨而悲傷痛苦？我們無法揣摩和想像瑪格達此時此刻複雜的心境。

當天下午，希特勒和他多年的情人、新婚兩天的妻子愛娃雙雙自殺身亡。

秉承戈培爾夫婦的旨意，第二天，醫生給六個年幼無辜的孩子注射了致命的毒藥。這以後，戈培爾和瑪格達也踏進了地獄之門。

瑪格達和前夫鄺特所生的長子、身為戰俘的哈拉爾德得以倖存。

可以說，第三帝國就像一個龐大的戲劇舞台，演出了一幕幕迫害和屠殺猶太人以及吉卜賽人、同性戀者的悲劇，同時也做了一場霸占和主宰全球的美夢。瑪格達就像一個稱職的演員，在她一生的幾個階段，擁有不同的姓氏，扮演了截然不同的角色。不管是什麼角色，接下來，她就認認真真地去演。在生命的最後十四年，她的演技生涯達到了頂峰，正如她所希望的那樣，當上了引人注目的女主角，成了德國「數一數二的女人」。這十四年，也正是她對曾經養育她的猶太繼父和熱戀過的猶太情人的徹底背叛。

不顧一切向上爬，一直爬到頂端，無疑是瑪格達整個生命的動力。她一生的追求，我們可以在她說過的一句話裡找到答案。有一回瑪格達站在一座小島陡峭的礁石邊，在狂風中對她的父親大聲喊道：「你瞧，父親，我的生活也就是這樣，一旦到達頂峰，我就想掉下去不再生存，因為我已經有了我想擁有的一切。」在此過程中，她有信心、有恒心、有毅力，到了頂峰，即便摔下去，也心滿意足，死而無怨。納粹時期，戈培爾太太好不風光，好不耀眼，最後雖落得個與希特勒同歸於盡的結局，可在她，已經達到了目的，死，也是心甘情願。

可以想見，聰明、漂亮、接受過良好教育的瑪格達·戈培爾完全可以也很有可能在別的方面達到頂峰，但是，她沒有往好的方面發展。她不斷地往上爬，結果是爬得越高，跌得越慘，最後落入萬丈深淵。

5

志同道合的女知音

威妮弗雷德・瓦格納

身爲希特勒的忠誠至死不渝的知音，
威妮弗雷德・瓦格納一生都是個堅定的納粹分子，
直到生命的最後一刻。
她一直公開強調希特勒的魅力，
而且是完全站在他這邊。

Winifred Wagner
1897-1980

在崇拜、追隨希特勒的女性中，威妮弗雷德・瓦格納（Winifred Wagner）堪稱元老。早在希特勒還是無名小輩的一九二三年，威妮弗雷德就把他視為「德國的救星」。這一年年底，希特勒在德國南部的慕尼黑因政變失敗而啷噹入獄，威妮弗雷德不但給他捎去紙張，為他在獄中書寫《我的奮鬥》提供條件，還在拜羅伊特地方報上發表公開信，極盡讚美之辭，表明自己忠於希特勒的決心。她寫道：

多年來我們一直以極大的同情和贊同關注著希特勒這個德意志人的創建工作，他滿懷對祖國的熱愛，把自己的生命奉獻給建立一個統一的大德意志民族國家的理想，他冒著危險擔當起了揭露內部敵人和馬克思主義及其後果、擦亮工人階級眼睛的任務，他絕無僅有地實現了人與人之間的和解和兄弟般的關係，消除了難以克服的階級仇恨，他給予成千上萬瀕臨絕望的人們以希望和堅強信念——復興一個享有尊嚴的祖國。他的人格力量給我們和所有與他接觸過的人留下了深刻動人的印象，也使我們懂得了一個如此普通、體格柔弱的人為何具有這般強大的威力。這威力來自他本人的純粹和道德力量，他孜孜不倦地致力於他以為正確的理想，為了實現這個理想他滿腔熱忱、鞠躬盡瘁。一個如此無條件地從事善的事業的人勢必會使人激動，會吸引人，使人滿懷熱愛和奉獻之心地為他歡欣鼓舞。我毫不掩飾地承認，我們也在他人格的感召之下，在順境中我們支持他，在目前的逆境中我們同樣忠於他。

一九三〇年，丈夫西格弗里德・瓦格納（Siegfried Wagner）去世後，威妮弗雷德和希特勒兩人甚至萌生過結婚的念頭。她的孫子戈特弗里德・瓦格納（Gottfried Wagner）回憶道：「祖母也曾多次跟我說起，祖父一九三〇年音樂節期間去世後，希特勒也完全有過和她結婚的想法。」

婚禮進行曲最終未能奏響，但希特勒和威妮弗雷德及其子女的親密交往，一直延續到德國戰敗、希特勒自殺身亡的一九四五年。第二次世界大戰結束後，希特勒殘酷迫害猶太人的暴行陸續披露於世，威妮弗雷德卻並不感到震驚，並且頑固地拒絕接受事實，對希特勒的忠誠至死不渝。她多次強調，自己所認識的希特勒「友好、慷慨、樂於助人」。而對希特勒侵略擴張、屠殺猶太人，她卻置之不顧。她說：「我完全能夠將我認識的希特勒，同那個人們今天將一切都歸咎於他的那個希特勒區分開來。」直到一九八〇年去世時，她才將對「領袖」和知音的忠貞和友誼一同帶進了墳墓。

威妮弗雷德的孫子戈特弗里德對此作了進一步證實：「毋庸置疑，我的祖母一生都是個堅定的納粹分子，直到生命的最後一刻，她一直公開強調希特勒的魅力。她無疑是完全站在希特勒一邊的。」

然而，也是這個對希特勒忠心耿耿的威妮弗雷德，在第三帝國期間利用自己和納粹上層的關係，幫助認識和不認識的猶太人以及其他納粹政權的異己，使他們倖免於難，得以生存。她的孫女尼珂・瓦格納（Nike Wagner）說：「威妮弗雷德有直通上面的熱線，而且能夠利用它把失蹤的猶太醫生或者熟人從集中營裡救出來。有三十多封感謝信為她作證。」

這個既與狼共舞，又對受害者俠義相助的威妮弗雷德究竟是何許人？是什麼使她同希特勒走到一起？又是什麼使她對希特勒如此忠心耿耿呢？

威妮弗雷德自己給了我們這樣一個答案：「我們之間純粹是一種個人之間彼此推心置腹的關係，它建立在對理查・瓦格納的崇敬和熱愛之上。」

看來，理查・瓦格納是希特勒和威妮弗雷德相識、相知的關鍵人物，是他們之間的紐帶和橋樑。可是，理查・瓦格納早在一八八三年便已作古，希特勒和威妮弗雷德初次會面，是在長達四十年後的一九二三年，他們的相識、相知和理查・瓦格納究竟有什麼關聯呢？

理查・瓦格納（Richard Wagner）這個名字讀者並不陌生，他不僅是德國十九世紀繼貝多芬（Ludwig van Beethoven）之後又一著名作曲家，還是一位喜愛寫作的哲人，他的音樂生涯以歌劇為主。一八七六年，他在路德維希二世（König Ludwig II）的支持幫助下，在德國南部的小城拜羅伊特建造歌劇院，開始了一年一度著名的瓦格納音樂節，專門上演自己的作品，並親自出任總監。從此以後，除了第一次世界大戰前後共九年以及第二次世界大戰結束後的六年，瓦格納的歌劇每年都會在小城上空蕩漾，一直延續到一百二十多年後的今天。

威妮弗雷德是老瓦格納的兒媳，也就是他唯一的兒子西格弗里德的妻子。一九三〇年，三十三歲的威妮弗雷德在年長自己二十八歲的丈夫突然去世後，擔當起瓦格納音樂節總監的重任。直到二戰結束後，這位希特勒的知音、納粹政權的支持者才被迫退居幕後，無可奈何地將音樂節的大權交給了兩個兒子。

而希特勒早在青少年時期，就愛上了瓦格納的音樂，對這位歌劇大師佩服得五體投地。他將瓦格納看作有史以來最偉大的德國人。在瓦格納的作品裡，他找到了自己民族主義、反猶排猶的理論依據。據稱，《我的奮鬥》一書的題目，也是仿效瓦格納，因為瓦格納寫過一本名為《我的生活》（*Mein Leben*）的書。可以說，希特勒將威妮弗雷德視為知音，首先是衝著瓦格納和他的音樂來的。「他之所以尊敬她，就因為她是瓦格納的繼承人，而瓦格納就是他的一切。在拜羅伊特她對他總是款待有加。」希特勒的管家赫伯特・德林這樣說。

那麼，瓦格納的作品表現的究竟是什麼？真是希特勒理解的那樣嗎？對於這一點，眾說紛紜。有人說，是後人對瓦格納的錯誤闡釋導致了這樣的結果。對此，瓦格納去世後到一九四五年之間的音樂節總監們負有不可推卸的責任，他們分別是瓦格納的第二任妻子科西瑪（Cosima Wagner）、兒子西格弗里德和兒媳婦威妮弗雷德。科西瑪的二女婿、當時著名的種族理論家豪斯頓・張伯倫（Houston Stewart Chamberlain）則是另一個罪魁禍首。也有人認為，希特勒的信念正是瓦格納所謂的德意志民族精神和反猶思想的寫照，希特勒從這位音樂大師那裡接受了很多東西。一九九七年，一個名叫約阿希姆・克勒（Joachim Köhler）的德國歷史學家寫了一本頗有爭議的書，書名叫《瓦格納的希特勒》（*Wagner's Hitler*），將瓦格納稱為「預言家」，而希特勒則是他的「執行者」。

瓦格納對希特勒的影響有多大？瓦格納究竟是怎麼反猶的？他的後人又是如何對此進行解釋的？

瓦格納的音樂以澎湃的激情、磅礴的氣勢，反映德意志精神。它動人魂魄，震撼人心，征服了千千萬萬的聽眾，希特勒就是其中的一個。音樂是以一定形式的音響組合表達人的思想感情與生活情態的藝術，它的語言顯得抽象、模糊；因此，人們對音樂的理解往往見仁見智，對瓦格納歌劇呈現的德意志精神的理解當然也不例外。不過，有一點卻是千真萬確：瓦格納的音樂與納粹運動是風馬牛不相及的。希特勒醉心於瓦格納的音樂，並且從中獲得力量和啟示，是以他對這種音樂內涵的歪曲為前提的。正因為此，如果由於希特勒欣賞崇拜瓦格納的歌劇，就視其為萬惡之源，恐怕有失公允。以此類推，我們上文提到的那位將瓦格納稱為「預言家」，把希特勒說成是他的「執行者」的克勒先生也未免言過其實。但是，當我們暫且擱下瓦格納的音樂，粗略地翻閱一下他的文章和論著，卻驚訝而又不無遺憾地發現，克勒並非無中生有。瓦格納在他的著述中，確實是毫不含糊地表達了反猶排猶的思想。

一八五〇年，瓦格納在《音樂中的猶太教》（*Das Judentum in der Musik*）中寫道：「猶太人令人厭惡……只要金錢的力量依舊是那麼強大，使我們的勞作變得蒼白無力，世界就會是猶太人的一統天下。猶太人有自己的上帝，他們平時首先是以外表引起我們的注意。如果我們屬於某個歐洲民族，那麼猶太人有的是與這一民族格格不入，他們總是令人厭惡難忍……猶太人本身，無論是他們的外表還是語言，尤其是他們的歌唱毫無表達藝術的能力，就是在最為流行的現代藝術門類——音樂方面，他們也無法把握公眾的品味。猶太人從來沒有過自己的藝術，所以也沒有過具有藝術內涵的生活。」

瓦格納認為，解決這些問題的根本辦法，就是讓猶太人放棄猶太教，皈依基督教。他號召猶太人：「你們要毫無保留地參加到這場自我滅亡的血戰中去，只有這樣我們才能成為不可分離的整體！你們要想到，只有一點才能把你們從加在你們身上的厄運中解脱出來，擺脱永遠流放的命運，這就是：滅亡。」

瓦格納所説的「滅亡」就是要猶太人「停止做猶太人」，要他們放棄自己的宗教。

但是，瓦格納厭惡猶太人僅僅囿於個人情緒的範疇，而且他的內心是矛盾的。尤其到了老年，在激烈地抨擊猶太人和猶太教的同時，他有時會感覺到自己的文章對猶太人言辭過於激烈，畢竟，他有很多朋友都是猶太人。瓦格納的妻子科西瑪在日記裡提到丈夫曾對猶太人有過相對溫和的看法，也道出了他反猶的真實動機：「如果我再寫猶太人的話，我會説對他們其實無可厚非，只是他們太早地來到我們德國人這裡，我們自己還沒有站穩腳跟，無法接受他們。」在他去世前兩年，他甚至誇獎猶太演員，對他們駕馭語言的能力不無驚歎：「理查又説起猶太人作為演員的話題，他説一八五三年的時候他還寫過猶太人無演員，可看看現在，他們是多麼善於駕馭語言！」

一八八三年，七十歲的瓦格納去世後，他的妻子科西瑪繼任瓦格納音樂節總監。當時四十六歲的科西瑪從來到人世的第一天開始，就生活在濃郁的音樂氛圍之中，可以說，她一生九十多年都和音樂有著不解之緣：父親是十九世紀聞名世界樂壇的音樂家李斯特（Franz Liszt），前夫是李斯特的得意門生、名噪一時的指揮家和鋼琴家畢樓（Hans von Bulow），也曾是瓦格納旗旄下的得力幹將。科西瑪自己彈得一手好鋼琴，瓦格納去世後，她不僅承擔起音樂節的組織工作，而且親自出任導演。

科西瑪的父親李斯特本是匈牙利人，母親是位法國伯爵夫人。科西瑪受過良好的教育，精通多國語言，但她卻是個地地道道的德意志民族主義者，對猶太人的偏見與其丈夫相比，可以說是有過之而無不及。難怪傳記作家說，她整個一生的座右銘就是「猶太人是萬惡之首。」一八七九年，看到德國反猶情緒急劇上升，科西瑪和丈夫一起拍手叫好，頗為得意，自以為戰績輝煌。科西瑪在日記中寫道：「我們為此而歡笑，看來他（指瓦格納）關於猶太人的文章果真拉開了這場戰鬥的序幕。」一八八八年，科西瑪結識了比自己小十八歲、後來成了她二女婿的英國人張伯倫。他從固有的觀念出發，解讀瓦格納，闡釋其反猶排猶思想。

張伯倫是種族研究者，也以研究瓦格納著稱，早在十九世紀就寫過《瓦格納傳》

（*Richard Wagner*）。後來，這本書在希特勒統治下的德國成了再版十次的暢銷書。在談到自己對瓦格納音樂的感受時，張伯倫寫道：「它給我的感受就如電擊一般，只要它一響起，我就如坐針氈……一串音響會突然震撼我的全身，像一聲呼喊，號召我去行動、去戰鬥。」

張伯倫之所以受到瓦格納家族、尤其受到瓦格納的妻子科西瑪的青睞，是因為他將瓦格納艱澀難懂、模稜兩可的文章解釋得通俗易懂，當然也少不了添油加醋。當時有人對他的書作了以下的評論：他和瓦格納一樣有自己的主導主題，這就是種族主題、日爾曼人主題、猶太人主題。在宣揚種族主義思想以及對猶太人的攻擊方面，他絕不比瓦格納遜色。

不難想像，張伯倫的種族理論和反猶主張同希特勒一拍即合，正中下懷。難怪希特勒把瓦格納和張伯倫都看作自己的理論先驅。當拜羅伊特的納粹分子在選舉中出乎意料地獲勝時，希特勒寫道：「看到人民在拜羅伊特取得勝利，我充滿了一種自豪的喜悅。正是在這座城市裡，大師和張伯倫前赴後繼，鑄就了我們今天用以戰鬥的寶劍。」

而張伯倫則將希特勒當作實現自己「理想」的希望。從他一九二三年十月七日寫給希特勒的信，我們可以略見一斑：

尊敬和親愛的希特勒先生：

您根本不是人們所描述的狂妄之徒。我認為您和狂妄之徒正好相反。狂妄之徒使人頭腦發熱，而您溫暖人心。狂妄之徒蠱惑人心，而您樹立人們的信念，所以您能成功。我甚至想說：您和政治家們也恰恰相反。因為政治的軸心是黨派，而在您身上所有的黨派都消失了，融化在對祖國的熱愛之中……您任重而道遠……我對德意志的信念從來沒有動搖過，但是我承認我的希望曾一度低沉。是您一舉改變了我的心態，德國在危難關頭出了個希特勒，這正證明了他的活力……我盡可以長眠了。

無論是張伯倫還是科西瑪，都沒有活到希特勒上台的那一天。張伯倫於一九二七年病故，科西瑪三年後壽終正寢。

一九〇七年，科西瑪由於健康原因將瓦格納音樂節的大權交給了她和瓦格納唯一的兒子西格弗里德。

和他家族中其他人相比，同樣具有反猶思想的西格弗里德多了幾分策略和實用主義。一九二一年，戰亂後的瓦格納家族為重新籌備瓦格納音樂節急需資金，少不了猶太富翁中瓦格納迷的支持。於是，就在有人提出要將猶太人拒之於瓦格納音樂節門外的時候，他給發表反猶文章的報社編輯寫了一封信，表明自己對猶太人的友好立場：「猶太人當中有我們許多忠實和無私的追隨者，他們多方面地證明了他們對我們的友誼。您難道就因為他們是猶太人而把他們拒之於門外嗎？這樣做人道嗎？符合基督精神嗎？符合德意志精神嗎？不！」接著他又寫道：「在歌劇院裡我們要進行實際工作，不做具有消極影響的事。無論是中國人、黑人，還是美國人、印地安人，或是猶太人，我們都無所謂。但有一點我們可以向猶太人學習，那就是同舟共濟，相互幫助。」

西格弗里德的這段文字經常被人引用，無非想證明一九四五年前的拜羅伊特有這麼一個清白人、瓦格納家族的叛逆者，證明他對猶太人非但毫無偏見，反而倍加袒護。可惜，小瓦格納的「公正」完全是衝著猶太人的腰包來的。

兩年後的一九二三年，西格弗里德早已把自己說過的話拋到了腦後，在威妮弗雷德公開表示站在希特勒一邊後，他對妻子所表達的忠心，極為讚賞，他自己也對希特勒信誓旦旦：「我們在慕尼黑認識了這個人，今後哪怕是進監獄，我們都忠於他……猶太人和耶穌會士們要攜手消滅德意志。不過，這回撒旦打錯了算盤……我太太像一頭母獅在為希特勒戰鬥，真是偉大！」

一九三〇年七月，六十一歲的西格弗里德在音樂節的排練中突然病倒，醫生雖竭盡全力治療，但終於無法挽救他的生命。根據遺囑，他的妻子威妮弗雷德接任瓦格納音樂節總監。

從此，威妮弗雷德和她的孩子們開始了同希特勒更為親密的交往。希特勒不僅將瓦格納的音樂捧上了天，還為威妮弗雷德主持的瓦格納音樂節提供了慷慨的資助。為此，威妮弗雷德感激不盡，將希特勒視為藝術知音，更把他當作貼心朋友，在第三帝國時期，把瓦格納構築的音樂城變成了希特勒的精神港灣。第二次世界大戰結束後，希特勒的暴行大白於天下，而威妮弗雷德卻仍然公開表示自己的忠心。

威妮弗雷德緣何同希特勒如此志同道合？戰後又如此頑固不化？當我們沿著威妮弗雷德的人生足跡，看一看她的成長經歷，她所作所為的必然性就不是一件難以想像的事了。

威妮弗雷德並不是德國人，她是生在英國，並在那裡度過了整個童年時代的地地道道的英國人。

十九世紀接近尾聲的一八九七年初夏的一天，威妮弗雷德在英國的哈斯丁斯（Hastings）來到了人世。父親多才多藝，既是工程師，又是作家和音樂戲劇評論家，女兒出生的時候，他已年過半百。母親則是一位年輕漂亮的演員。照理，威妮弗雷德應該有一個快樂的童年。

然而，天有不測風雲。在威妮弗雷德不到兩歲的時候，父母便相繼因病離開了人世，一個本該幸福成長的孩子成了孤兒，開始了沒有親人呵護的童年。威妮弗雷德十歲之前的大部分時光，是在孤兒院裡度過的。

一百年前英國的孤兒院，是一個毫無人道可言的兒童寄託所。這一段經歷對我們的女主人公後來的影響有多大，我們不得而知，但是，有一點卻可以肯定，那就是威妮弗雷德一輩子都沒有忘記在那裡所經受的痛苦，不然她不會在臨終之前，向心愛的曾外孫女詳細講述英國孤兒院裡嚴厲的清規戒律，告訴年僅六歲的孩子自己在孤兒院的所見所聞：要是哪個孩子說了謊話，就會被滿嘴塗上辛辣的英國芥末作為懲罰。這是威妮弗雷德第一次，也是最後一次向親人訴說自己在孤兒院的遭遇。但正是因為孤兒院嚴酷的生活，使這個孤獨的英國女孩後來像童話中的灰姑娘一樣時來運轉，來到音樂之鄉德國，並且進入瓦格納的音樂世界，最終成為瓦格納家族的女主人。這一切，對於後來十八歲新婚燕爾的威妮弗雷德，就如夢幻一般。也許可以推測，正是那段不堪回首的童年，使威妮弗雷德在兩次世界大戰中德英兩國刀槍相向之時，斷然背棄祖國，站在了德國一邊。

威妮弗雷德從英國來到德國純屬偶然。生活在孤兒院的威妮弗雷德，得了嚴重的皮膚過敏症。現代醫學告訴我們，皮膚過敏和人的精神狀態有著不可忽視的關係，冷酷無情的孤兒院生活使她的病情日益惡化。無可奈何的英國醫生建議女孩去大陸性氣候的地方待上幾周。這樣，因禍得福，過敏症給了威妮弗雷德改變生活的契機。於是，一九〇七年，十歲的威妮弗雷德在親戚的張羅下，獨自一人，踏上了去德國柏林的旅程。威妮弗雷德做夢也沒有想到，這一去完全改變了她的命運，她在德國不是待上幾周，而是一輩子！

去火車站接威妮弗雷德的人是一位年逾古稀、滿頭銀髮、滿臉白鬍子的長者，名叫卡爾・克林特沃特（Karl Klindworth），他的妻子亨里埃特（Henriette Klindworth）是威妮弗雷德已故母親的遠親。這對生活在柏林的夫婦膝下無兒無女，答應讓威妮弗雷德在家中住上幾周。

幾個星期過去了，兩位老人打心底裡喜歡這個活潑、聰穎的女孩，決定將她留在身邊。說是養女也可以，但由於年齡的差距，更確切地說，他們是把她當自己的孫女看待，讓她接受良好的教育，並且把自己的價值標準和人生理想傳授給她，可謂用心良苦。

要瞭解威妮弗雷德的成長歷程和思想根源，我們必須先看看她的養父卡爾・克林特沃特其人。克林特沃特是一位鋼琴家和音樂教育家，也是柏林一家以他的名字命名的音樂學院的創辦人。他是名師李斯特的高徒，又是瓦格納的生前好友。克林特沃特對瓦格納及其音樂極為崇拜，對老師的女兒、瓦格納的遺孀科西瑪非常敬佩，對瓦格納的兒子西格弗里德尤其讚賞。因此，兩家雖居住異地，但一直保持著書信往來。

克林特沃特是個「愛恨分明」的人。他熱愛德意志民族，熱愛瓦格納的音樂，看不慣當時流行的現代音樂，憎恨猶太人。在他眼裡，音樂界的「腐化」全是因為受了猶太教的影響，唯有拜羅伊特仍是聖潔之地、藝術的天堂。就是報界披露瓦格納家族的醜聞，也被他看作是猶太人對大師及其家人的蓄意攻擊。

威妮弗雷德從十歲來到柏林，到十八歲出嫁，和克林特沃特夫婦共同生活了九年。這九年，正是人生可塑性最強、最易接受新事物的時期。他們給她灌輸的思想，對她的一生影響是巨大的。克林特沃特給威妮弗雷德創造了一個奇妙的音樂氛圍，使她領略到瓦格納音樂震撼人心的威力。在跟著克林特沃特學習彈奏鋼琴的同時，威妮弗雷德耳濡目染，一遍又一遍地傾聽他講述拜羅伊特那位音樂大師的故事，沉浸在克林特沃特改編的瓦格納歌劇鋼琴曲中。她甚至仿效瓦格納歌劇《漂泊的荷蘭人》（*Der Fliegende Holländer*）中的人物，乾脆將自己改名森塔（Senta）。克林特沃特那強烈的德意志民族主義和反猶思想，也潛移默化地滲透到威妮弗雷德的內心，駕馭著她後來的一言一行。

如果說，對瓦格納的敬仰為她後來成為瓦格納家族的女主人、成為瓦格納音樂節總監創造了不可缺少的先決條件，那麼，對瓦格納音樂的崇拜和反猶排猶情緒則為她和希特勒相熟相知鋪平了道路。

威妮弗雷德就在這樣的環境裡度過了青少年時期。她對克林特沃特夫婦感激不盡：是他們改變了她痛苦的孤兒院生活，是他們待她猶如自己的親孫女，給了她愛和希望。為了能照顧在柏林城裡求學的威妮弗雷德，他們甚至在古稀之年，賣掉了柏林郊外寬敞舒適的別墅，放棄了他們喜愛的新鮮空氣和田園風光，在城裡找了一間窄小的居室住下來。兩位老人對威妮弗雷德可說是恩重如山。而威妮弗雷德在嚮往瓦格納、嚮往拜羅伊特的同時，也毫無保留地接受了養父極端的德意志民族主義和反猶思想。

一九一四年七月，就在第一次世界大戰爆發前夕，十七歲的威妮弗雷德應邀和養父一起，第一次來到嚮往已久的小城拜羅伊特，觀看當年瓦格納音樂節的彩排。對於崇拜瓦格納的威妮弗雷德來說，這是意想不到的殊榮。威妮弗雷德後來表達了她當初的心情：「從這一刻起，我的世界就只有瓦格納和拜羅伊特。」科西瑪和她的幾個女兒都對她照顧周到，陪她說話聊天，這令她感動，也使她受寵若驚。當然，她們對威妮弗雷德如此殷勤，有著特殊的用意。而對威妮弗雷德來說，此次拜羅伊特之行的高潮，則是結識了她後來的丈夫、瓦格納的兒子西格弗里德。四十五歲的西格弗里德是當時的瓦格納音樂節總監，同時，也是小有名氣的作曲家和指揮家。

威妮弗雷德對比自己年長二十八歲的西格弗里德一見傾心：「和西格弗里德相遇對於我來說是一見鍾情。給我印象最深的是他那漂亮、溫和的聲音，他的音容笑貌，他那迷人的藍眼睛讓我著魔……西格弗里德正是我夢中無法企及的理想。」

可見，威妮弗雷德將自己對瓦格納音樂和小城拜羅伊特的熱愛，具體地轉移到了小瓦格納身上。

威妮弗雷德所傾心的西格弗里德，當時正承受著母親和姐姐們的巨大壓力。在她們看來，瓦格納音樂節不能沒有男性繼承人，而身為家中唯一兒子的西格弗里德，人到中年卻絲毫沒有結婚成家、生兒育女的念頭。這對科西瑪及其女兒，實在是件頭疼的事。威妮弗雷德的出現，在她們的心中燃起了希望之光，這個健康結實、身材高大、相貌端莊的少女是再合適不過的人選，更何況兩家堪稱門當戶對，克林特沃特不僅是瓦格納家族的好友，而且是瓦格納音樂的堅決維護者。

其實，西格弗里德有他的難言之隱。他是一個同性戀者，這一點在拜羅伊特城幾乎盡人皆知。在一個世紀前的德國，這不僅是件不光彩的事，而且很有可能會受到法律的制裁。

奇怪的是，威妮弗雷德和西格弗里德之間愛情的發展並沒有因此受到多大的影響。威妮弗雷德回柏林後，他們鴻雁往返，互訴衷腸。幾個月後，西格弗里德去柏林指揮樂隊，到克林特沃特家作客，更加深了兩人之間的感情。克林特沃特這時是否告訴養女，西格弗里德本是同性戀者，我們不得而知。也許老人根本不願意相信這一點，他很有可能把這一事實也當作是猶太人對大師家人的誣衊和攻擊。而瓦格納一家人早已翹首以待，盼望著繼承人早日誕生。

一九一五年九月，威妮弗雷德和西格弗里德結婚。她不負眾望，一年多以後就生下了長子維蘭特（Wieland Wagner）。及至第一次世界大戰結束後的一九一九年，小瓦格納夫婦共生有二男二女。

威妮弗雷德初到夫家，還是個天真活潑的姑娘，她天不怕地不怕，根本不懂瓦格納家族眾多繁瑣的規矩，鬧了不少笑話。在寬敞闊綽的宅第內，到處擺放著李斯特或瓦格納兩位音樂大師用過的樂器、寫過的樂譜、看過的書籍、坐過的沙發和椅子，科西瑪將這些東西視為聖物，沒有人敢去碰它們一下。而威妮弗雷德竟開瓦格納家之先例，旁若無人地坐在大師生前坐過的沙發上，毫無顧忌地翻閱大師看過的樂譜和書籍，讓遠可以做她母親的兩個大姑瞠目結舌。

初為人婦的威妮弗雷德在大家庭中的生活是單調的，猶如生活在寄宿學校一般，每天的生活安排得井然有序，在同一時間幾乎都做同樣的事情，每件事情的開始和結束就像上下課一樣準時：早上七點半起床，吃完早飯後給丈夫西格弗里德讀報，然後陪婆婆科西瑪出門散步，回來後去廚房向女僕交代一天要做的事，去大廳撣去一天積下的灰塵。這對威妮弗雷德來說，是一項光榮的使命，因為瓦格納豪宅的大廳，不僅是瓦格納龐大的藏書室，收藏著眾多珍貴的書籍，還存放著瓦格納用過的物品。接著，威妮弗雷德又分別給丈夫和婆婆讀書念報。再和婆婆、丈夫的姐姐及其家人一起吃完午飯後，威妮弗雷德有一個半小時可以供自己支配，然後又是陪科西瑪出門散步，有時西格弗里德同行。回來後是喝午茶的時間，在座的都是些瓦格納家的老朋友。吃完茶點後，威妮弗雷德便獨自替丈夫回覆信函，或替婆婆草擬信件，然後同丈夫一起和即將入睡的科西瑪聊上半小時。接下來的一刻鐘是和丈夫聊聊這一天的新鮮事兒。吃完晚飯散步後的一個半小時，是和西格弗里德及張伯倫夫婦一起看書學習。晚上十點準時熄燈睡覺。

一成不變的作息時間、無聊守舊的生活方式，加上西格弗里德的兩個姐姐事事都要和威妮弗雷德明爭暗鬥，試圖將她捏在手裡，威妮弗雷德夢中的理想之地，其實是一個日趨式微、毫無生機的封建大家庭。年少氣盛的威妮弗雷德顯得勢單力薄，她不得不承認，在夫家最初的日子自己就像只可憐的「小蟲」，抬不起頭來。

但是，也就是在這單一的日常生活中，威妮弗雷德學到了很多東西：在陪科西瑪散步聊天、幫她草擬信件時，她的法語有了不少長進；在和丈夫談心、為他閱讀書報、回覆信函時，她又對瓦格納音樂以及瓦格納音樂節的方方面面有了進一步瞭解。這些都為她以後獨立組織安排瓦格納音樂節創造了必不可少的條件。而隨著時間的流逝，她也學會了和丈夫的兩個姐姐抗爭。威妮弗雷德日漸成熟，在為瓦格納家族生下了繼承人以後，她的地位已是相當穩固。兩個大姑不再是她的對手，有時，她甚至還敢跟年邁而威嚴的科西瑪較量一番。

威妮弗雷德嫁到瓦格納家之際，正是德國政治局勢極其嚴峻之時。一九一八年，歷時四年的第一次世界大戰以德國戰敗告終，德國經濟一落千丈，人民生活苦不堪言。戰爭結束後的二〇年代，就連西格弗里德也要為謀生而作曲、指揮，藉以養家糊口。他們希望重振瓦格納音樂節旗鼓，但終因資金短缺而作罷。瓦格納家人將這一切歸咎於共和黨人和猶太人。

就在這樣的歷史背景下，奧地利人希特勒在德國嶄露頭角，並出現在威妮弗雷德的視野中。

幾十年後的上個世紀七〇年代中期，威妮弗雷德試圖用下面的一段話來解釋自己同希特勒相知的前提和開端：「戰爭結束後的那一年經濟危機，全國人民的處境是多麼悲慘。人們饑寒交迫，既沒有錢，也沒有吃的，全德國人心一片消沉，再加上極左的斯巴達克小組⑥，還有慕尼黑的蘇維埃共和國⑦，簡直是純粹的無政府主義。在這種情況下，有德意志覺悟的人走到一起並尋找一個領袖是自然而然的事了。當那個還全然不為人所知的希特勒在慕尼黑站出來發表鼓動人心的講話，並許諾要通過建立一種新型的人民團體來拯救我們時，人們無論如何是樂意跟他走的……對他的思想我確實是感到歡欣鼓舞的。」

不難看出，像很多德國人一樣，威妮弗雷德從一開始就對希特勒產生了極大的好感，對他寄予了殷切的希望。而希特勒呢，在尚未踏上拜羅伊特這片土地之前，早已諳

---

⑥斯巴達克小組（Spartakusbund）。一九一七年成立的德國左派社民黨的組織，由卡爾・李卜克內西（Karl Liebknecht）和羅莎・盧森堡（Rosa Luxemburg）領導，一九一八年改組爲德國共產黨。——編按

⑦慕尼黑在一九一九年曾成立過所謂的巴伐利亞蘇維埃共和國（Bavaria Soviet），一九一九年四月一日—五月七日。——編按

熟瓦格納的音樂，同時，對瓦格納一家也有敬佩之心。

一九二三年九月，希特勒受拜羅伊特地方納粹黨部的邀請，第一次踏上了這片滋潤瓦格納音樂的土地。他匆匆地在黨部作了報告，便迫不及待地趕到位於瓦氏豪宅旁邊的張伯倫別墅，拜訪自己的理論先驅。

當然，他的拜羅伊特之行的真正目的不是給當地的納粹黨打氣鼓勁，也不是感謝張伯倫為他指明了奮鬥的方向，而是想推開瓦格納家族宅第的大門，瞻仰大師的故居和墓地，拜訪瓦格納的後人。

一九二三年十月一日，希特勒終於來到了嚮往已久的「聖地」。他一改旁若無人的常態，戰戰兢兢，一片敬畏之情。西格弗里德和威妮弗雷德夫婦熱情地歡迎他的到來。臨別之時，希特勒許下諾言：倘若有朝一日奪權成功，一定全力支援瓦格納音樂節。希特勒後來的確沒有食言，即便在第二次世界大戰的硝煙中，瓦格納音樂節也年年如期舉行。他這樣做，當然是為了達到自己的目的，他要以瓦格納的「德意志精神」為自己侵略擴張、反猶排猶作掩護。而威妮弗雷德對此卻終生感激不盡，那時的她，多麼希望能使停演多年的音樂節重整旗鼓，展現昔日的盛況。希特勒恰恰在此時以「救兵」的身份出現了。談到希特勒給自己和家人留下的印象，威妮弗雷德說：「他是一個聰明絕頂、興趣廣泛的人，尤其是一個瞭解和熱愛瓦格納的人。」

威妮弗雷德和希特勒的關係開始了新的階段。不久，希特勒政變失敗，淪為階下囚。但是，這並不妨礙鐵窗內外友誼的進一步發展。威妮弗雷德公開表示站在希特勒一邊。這樣，就有了本篇開頭的那一幕。

西格弗里德和威妮弗雷德非常希望重振音樂節，卻為資金匱乏而發愁。瓦格納音樂節耗資巨大，當時的德國尚未從戰後的貧困中喘過氣來，因此，很難在國內捐到那麼多款項，於是，就有了西格弗里德・瓦格納夫婦一九二四年的美國之行。他們夫唱婦隨，西格弗里德指揮當地樂隊巡迴演出外祖父李斯特、父親瓦格納和他自己譜寫的曲子，威妮弗雷德則以作報告的形式，介紹拜羅伊特和那裡曾經聞名遐邇的瓦格納音樂節。他們希望以此在富裕的美國得到美國人，尤其是富有的美國猶太人的支持。但是，事與願違。有關這一對夫婦親納粹的資訊，早已漂洋過海，傳到了美國。猶太贊助者們在將信將疑中需要時間觀望，因此，他們出手便沒有那麼大方，有的乾脆拒絕捐款。

為了自身的利益，西格弗里德・瓦格納夫婦在美國著實收斂了一番，不敢公開發表自己真實的觀點，但這些卻並不妨礙他們在乘船返回德國途中，先在義大利上岸，到古城羅馬拜訪了法西斯主義的先行者墨索里尼。

美國之行雖然沒有預想的那麼成功，但是，還是給即將開幕的瓦格納音樂節解決了燃眉之急。這樣，一九二四年夏天，由於第一次世界大戰以及戰後資金短缺而停演九年之久的瓦格納音樂節，終於又在拜羅伊特拉開了帷幕。

音樂節專用的歌劇院，是瓦格納在世時建造的，大廳形似一把大提琴。這時，這把「大提琴」撣去了多年積澱的塵埃，在冷落了九年之後，再度煥發出昔日的榮耀和光彩。

剛從美國回來不久的威妮弗雷德興奮異常，瓦格納歌劇院對她來說從來就是一塊聖地，如今，在嫁到拜羅伊特九年後，終於在那裡正式觀看世人矚目的瓦格納音樂節。更何況，這一次她要以女主人的身份迎接來自各方的賓客友人，歡迎瓦格納的崇拜者。但是，威妮弗雷德內心也有幾分遺憾，她無法站在歌劇院外的台階上，帶著發自內心的微笑張開雙臂擁抱希特勒。不過，這也不打緊，她照樣可以給她仍在獄中的知心朋友寫信，向他敘述音樂節的盛況，為他打氣鼓勁；她可以給他捎去食品、衣物，以及書籍和紙張，為他提供物質和精神食糧；她也可以繼續為獄中納粹分子的妻子兒女捐錢捐物，表示自己的立場。

這時的威妮弗雷德，已是一個徹頭徹尾的德意志民族主義者、反猶太主義的積極分子了。這方面，她不僅接受了養父多年的薰陶，還在瓦格納家耳濡目染，在結識希特勒後，更是不能自拔。也許，只有在瓦格納音樂節期間，當她用純正流利的英語同來自英美的來賓交談的時候，她才會想起自己曾是個地地道道的英國女孩。可是，在英國的那段生活不堪回首，沒有給她留下任何美好的回憶，她有什麼理由背棄使自己遠離苦難、待自己猶如親人的克林特沃特夫婦？她又有什麼理由摒棄瓦格納家族的傳統和思想？更何況，她還有就在自己身邊的同為英國人的張伯倫，作為自己先行的榜樣和楷模。

一年後的一九二五年，希特勒終於生平第一次參加了瓦格納音樂節。他是在一九二四年年底被保釋出獄的。希特勒在音樂節上的言行極為收斂，他仍在保釋期中，同時也不想給西格弗里德・瓦格納夫婦帶來什麼麻煩。但是，沒有不透風的牆，德國的正義之士，諸如一九二九年諾貝爾文學獎得主湯瑪斯・曼（Thomas Mann），便對此作出反應。這位酷愛瓦格納音樂的著名作家後來在納粹上台後流亡國外。

威妮弗雷德和希特勒的親密交往不得不避人耳目。不過，只要有時間，她就獨自一人駕車去慕尼黑、斯圖加特（Stuttgart）、紐倫堡等地參加希特勒的演說活動。她總要在前排找個顯眼的位子，好讓自己看清他的一舉一動，同時，也可以讓他知道自己的存在。她興奮地一遍又一遍聆聽希特勒對猶太人的攻擊和對大眾的許諾，並且對此堅信不疑。在這樣的公眾場合，他們雖然表面上形同陌路，但用威妮弗雷德自己的話來說，卻有「一種心靈的默契」，雙方都知道，對方是自己忠實的知音。

威妮弗雷德把這種「默契」落實到行動中。她繼續為納粹黨和希特勒的親信捐款，甚至在家庭和音樂節經濟拮据的時候，還挖空心思給希特勒購買禮物。有時，她乾脆找個藉口，在去慕尼黑辦事的時候多待一天，為的是和希特勒見上一面。此時的威妮弗雷德並不亞於熱戀中的女人。

希特勒在往返於慕尼黑和柏林的途中，也會在拜羅伊特停一停，歇一歇腳，這樣，他可以和威妮弗雷德見面，聊上幾個小時。為了不招人耳目，希特勒的專用汽車總要在夜幕降臨之後才偷偷地駛入拜羅伊特城內。他在瓦格納家就像回到自己的家。和希特勒的其他朋友一樣，威妮弗雷德稱他「沃爾夫」（Wolf，希特勒的化名），希特勒則親暱地叫她「威妮」（Wini）。

在希特勒的過問下，威妮弗雷德於一九二六年加入納粹黨。

雖然威妮弗雷德和希特勒的交往非常隱蔽，但是，在拜羅伊特很快傳得沸沸揚揚。對小城來說，瓦格納家族猶如王室或今天的歌星影后，儘管可望而不可及，但始終是人們茶餘飯後關注和議論的焦點。有這樣一種說法：因為希特勒的介入，西格弗里德·瓦格納夫婦的婚姻曾瀕臨破碎。

這種說法似乎有些牽強附會。威妮弗雷德和希特勒來往甚密，西格弗里德是知道的，他並沒有過多干預。其實，他對希特勒也頗有好感，只是為了避嫌，才沒有和希特勒有太多的接觸。也許，結了婚但仍是同性戀者的西格弗里德並不太在意妻子和別的男人交往，這樁婚姻對他來說本來就是理性的產物。但是，他和威妮弗雷德的感情又是真誠和深厚的，他曾多次對威妮弗雷德表示感激，是她給衰老的家庭和恪守傳統的瓦格納音樂節帶來了生機和活力，無論在生活和事業上妻子都是他不可缺少的左右手。與其說他們是恩愛夫妻，不如說他們配合默契，是志同道合的朋友。西格弗里德出身音樂世家，既是作曲家又是指揮，組織安排音樂節輕車熟路，但他膽小怕事，於是，快人快語、幹練果斷的威妮弗雷德便衝鋒在前，周旋於是非之中，為他排憂解難。威妮弗雷德希望丈夫「有更多的男子氣魄、有更強的戰鬥力」。她曾試圖改變丈夫，但徒勞無益。因此，我們或許可以作這樣的推測：威妮弗雷德在希特勒那裡看到了自己丈夫所缺乏的「男子氣魄」和「戰鬥力」，並且希望通過和希特勒的交往得到補償。

威妮弗雷德從未想過要離開自己的丈夫和四個孩子，離開她所熱愛的瓦格納音樂節，他們夫婦的婚姻是牢固的。我們不妨用威妮弗雷德寫給好友的信來證明這一點：「破碎的婚姻和我們相比是另一種樣子……如果所有的婚姻在歷經十年之後還像我們一樣和諧，那就不會有離婚了。」

對於這一點，西格弗里德同樣堅信不疑。但是，他一定不希望妻子在自己死後嫁給希特勒。這樣，就有了他和威妮弗雷德於一九二九年共同簽署的一份遺囑：西格弗里德死後，先由威妮弗雷德接任瓦格納音樂節總監，然後再交給成年後的孩子。威妮弗雷德一旦再婚，將立即被解除這一職務。

事實證明，遺囑非常及時。一年以後的一九三〇年夏天，就在當年瓦格納音樂節的排練當中，身為總監的西格弗里德一病不起，幾個星期後便撒手西去。一九三〇年八月，三十三歲的威妮弗雷德擔當起瓦格納音樂節總監的重任。

如期舉行的音樂節，在藝術上獲得了巨大的成功，票房盈利也頗為可觀。這一年音樂節成功的很大原因，是西格弗里德在妻子的鼓勵下，開始嘗試革新，並請來了世界著名的義大利指揮家托斯卡尼尼（Arturo Toscanini）指揮樂隊。

這時的納粹黨雖然尚未上台，但在德國的勢力已經非常強大，由不知名的小黨，一躍成為德國第二大黨。和當初威妮弗雷德給獄中的希特勒寫信寄物的時候，已不可同日而語。威妮弗雷德仍和希特勒保持著親密的關係，下一年度上演什麼劇目，都會找他商量，但她已不像以前那樣，迫不及待地想見到希特勒。如今，威妮弗雷德有了一位新的知心人，她有什麼煩惱可以向他傾訴，此人名叫海因茨・蒂特延（Heinz Tietjen）。

蒂特延是文藝界知名人士，身兼數職。他是普魯士國家劇院、國家歌劇院等數家一流劇院和歌劇院的經理，同時，也是一位出色的導演兼指揮。西格弗里德在世時對他頗為欣賞，曾建議威妮弗雷德以後考慮啟用此人。威妮弗雷德上任後，立即與蒂特延聯繫，從此，年長威妮弗雷德十六歲的蒂特延不僅是瓦格納音樂節的藝術總監，而且成了她的心上人、她的四個子女的監護人。

如果說，已故的丈夫是威妮弗雷德志同道合的朋友，希特勒是她柏拉圖式的情人，那麼，蒂特延就是她心目中真正的愛人。威妮弗雷德周圍的人都認為，蒂特延是個會耍花招的情場老手，將經歷了一段理性婚姻的威妮弗雷德擺弄得暈頭轉向。原本幹練果斷、敢想敢幹的威妮弗雷德和他在一起時，就像個膽怯的小學生，戰戰兢兢，生怕做錯了事，對他言聽計從。

威妮弗雷德對蒂特延的崇拜不是沒有道理的，他在事業上給了威妮弗雷德極大的幫助，可以說，西格弗里德去世後，他和威妮弗雷德同是瓦格納音樂節的頂樑柱。沒有蒂特延，恐怕不會有拜羅伊特三〇年代藝術的輝煌和成功。是他和威妮弗雷德攜手，不顧瓦格納擁護者中的保守派的堅決反對，衝破禁區，對瓦格納音樂節的服裝、佈景、照明等進行了大刀闊斧的革新，並從柏林的大劇院引進一個又一個一流演員，給音樂節帶來了新的生命力，使其提升到世界一流的水平。但是，蒂特延和第三帝國為數不少的藝術家一樣，在獻身藝術的同時，忘記了藝術家的良心。他在將瓦格納音樂的藝術水平推向爐火純青的高峰時，對音樂節期間拜羅伊特滿城的納粹黨旗和歌劇院內越來越多的納粹黨徒置若罔聞，對瓦格納音樂節成為希特勒侵略擴張、屠殺猶太人的宣傳工具更是麻木不仁。

希特勒對蒂特延卻並沒有什麼好感，後者一直被視為「左派」。要不是威妮弗雷德的竭力庇護以及瓦格納音樂節的成功，他恐怕難以繼續擔任藝術總監的職務。希特勒是威妮弗雷德的知音，他們要結婚的說法流傳甚廣，蒂特延不會一無所知；相反，希特勒也一定知道蒂特延是威妮弗雷德如今的伴侶，因此，兩人的關係極其微妙，雙方碰面定有難言的尷尬。希特勒上台後，多次光顧瓦格納音樂節，而蒂特延則是音樂節的總指揮之一。照理，兩人經常見面不可避免，但蒂特延對希特勒盡量敬而遠之。常常是希特勒一到拜羅伊特，他便消失得無影無蹤。對於這一點，威妮弗雷德頗感失望。

一九三三年初，希特勒如願以償，當上了帝國總理。威妮弗雷德興奮異常，她為自己知心朋友的成功感到高興。她要把這一年的瓦格納音樂節準備得更加充分完美，因為她終於可以公開地歡迎「領袖」的到來，自豪地擁抱知音，不必像以往那樣躲躲閃閃、避人耳目。

但是，打擊卻接踵而來：答應在這一年再一次指揮瓦格納音樂節的托斯卡尼尼為抗議納粹上台及其迫害猶太人，不僅在彩排開始前夕突然宣布拒絕前往拜羅伊特，而且組織人馬，找來被迫離開德國的猶太藝術家，在奧地利排演瓦格納作品，以示對抗。威妮弗雷德費了九牛二虎之力，總算找來一位名氣不小的德國指揮充當替補。但這時，許多原本忠實的國外觀眾又避而遠之，國內的猶太人、民主人士更是不肯光顧，因此售出的戲票寥寥無幾。眼看這一年度的音樂節的演出將付諸東流，威妮弗雷德找到了希特勒。希特勒讓納粹機關買票，分發給對瓦格納的音樂一竅不通的納粹分子前往觀看，並撥出一大筆款項，供瓦格納音樂節使用。這樣，這一年的音樂節才得以起死回生。

托斯卡尼尼拂袖而去，瓦格納的追隨者們與她疏遠，唯有希特勒沒有使她失望，對此，威妮弗雷德終生感激不盡。一九七五年，她在接受記者採訪時還說：「我和他相識算起來長達二十二年，從來沒有因為他的為人而感到失望。我是說除了外面發生的事情，但是那些事與我無關。」

一九三三年瓦格納音樂節期間的拜羅伊特，陰霾密布：納粹黨旗到處晃動，身穿棕色制服的納粹黨徒隨處可見。七十年後的今天，當人們觀看當時拍的新聞片時，一定會問，這到底是瓦格納音樂節，還是納粹黨的集會？

威妮弗雷德恐怕沒有想過這些。她曾經希望能在音樂大廳外的台階上迎接希特勒的到來，如今，夢想終於成真。

這樣，希特勒堂而皇之地將赫赫有名的瓦格納音樂變成了納粹的「國樂」，將瓦格納音樂節變成了納粹宣傳的大舞台。湯瑪斯·曼一針見血地稱之為希特勒的「宮廷戲院」，對此，威妮弗雷德自然負有不可推卸的責任。

到第二次世界大戰爆發前夕，希特勒不僅每年都帶著政要前往拜羅伊特參加瓦格納音樂節，而且和以往一樣，同威妮弗雷德保持著密切的私人關係。他常常突然打來電話，幾小時後便帶著司機驅車而來。他們坐在火爐邊會聊上整整一個晚上。威妮弗雷德說：「和我在一起他可以談在布勞瑙（Braunau）和林茨的那些個人隱私。這兩個地方我都熟悉，他年輕時候在那裡的事我也瞭解。」

一九三九年，希特勒發動的第二次世界大戰爆發，翌年，希特勒最後一次參加瓦格納音樂節。那以後，威妮弗雷德就再沒有見到過她的知心朋友。

戰爭開始後，經希特勒的特許，音樂節照常舉行。音樂節的觀眾中不乏缺胳膊少腿的傷員、第三帝國的「有功之臣」。他們對瓦格納的音樂一無所知，卻把能去拜羅伊特看作是「領袖」給自己的嘉獎和殊榮。威妮弗雷德則不無自豪地說：「現在，在戰爭當中我得以實現瓦格納的願望，讓從普通人民中挑選出來的人——士兵和工人有機會免費參加音樂節。」而身為音樂節總監的威妮弗雷德則不必像她的前幾任那樣整日為籌措音樂節的資金發愁，納粹政權和瓦格納音樂節互相利用，各有所得。

威妮弗雷德和西格弗里德有四個子女：長子維蘭特、長女弗麗德林特（Friedelind）、次子沃爾夫岡（Wolfgang）和次女薇雷納（Verena）。

瓦格納這一名揚世界樂壇的姓氏，使他的兒孫們一來到人世，就擁有不同尋常的特殊地位。當音樂大師的長孫、家族的繼承人維蘭特一九一七年來到人世間時，孩子的父親、瓦格納唯一的兒子西格弗里德已經四十六歲。已屆耄耋之年的科西瑪為孫子的出生而喜悅萬分，她在丈夫去世三十四年後，第一次，也是最後一次坐在鋼琴旁，彈奏了一首瓦格納歌劇片斷。維蘭特得到如此殊榮的原因，是瓦格納音樂節不僅是瓦格納音樂愛好者的盛會，而且是一個家庭產業，需要瓦格納的後代來繼承。

瓦格納的孫子、孫女們在無憂無慮中度過了豐富多彩的童年。他們像大多數孩子一樣調皮搗蛋，當好奇的音樂節觀眾問他們是否是瓦格納的孫兒時，他們會異口同聲地回答：「不是，我們是一群牛！」使得來訪者不禁莞爾。同時，他們穿梭於名噪一時的作曲家、指揮家、歌唱家、畫家和作家之間，同父母一起接待世界各國的政界要人、皇親國戚。他們見多識廣，小小年紀不僅耳濡目染一年一度音樂節的盛況，而且在彈丸之地拜羅伊特領略了世界文化風情。

然而，在瓦格納家族門庭若市的豪宅裡給孩子們留下印象最深的，要數希特勒。當初，希特勒名不見經傳，和瓦格納一家人交往尚處在隱秘階段的時候，在瓦格納孫兒們眼裡，他就是一個有趣而又充滿冒險精神的叔叔。據弗麗德林特在戰後寫的《拜羅伊特之夜》（*Nacht über Bayreuth*）一書中回憶，希特勒為避人耳目，總要在天黑以後，讓司機駕車到拜羅伊特。無論是夜幕剛剛降臨，還是夜深人靜，希特勒總要去孩子們的房間，把他們叫醒，給他們講自己的「冒險故事」。有一個故事尤其讓鑽在被窩裡的孩子們毛骨悚然：在一個伸手不見五指的夜晚，希特勒的司機將車開進了一個漆黑的深洞，他們費了九牛二虎之力，才將車拉了出來。有時，希特勒也把自己帶著的手槍拿出來炫耀。如果希特勒路過拜羅伊特而不去瓦格納家，那麼威妮弗雷德就會帶著孩子們駕車來到一家偏僻的小飯館或乾脆駛進茂密的森林，和希特勒見上一面。這些故事和經歷對於少不更事的孩子，既感到害怕又引人入勝，既恐懼又令人興奮。正如作者弗麗德林特在書中所說：「對我們來說，他的生活非常有趣，因為和我們的生活太不一樣了。他深更半夜突然來到我們家，他講的那些驚險故事，這一切就像是一個童話。」

希特勒抓住了孩子喜歡冒險、崇拜「英雄」的特點，贏得了瓦格納孫兒們的心。有這麼個傳聞：和父親西格弗里德關係一般的維蘭特曾拍著希特勒的肩膀說：「你應該當我們的爸爸，爸爸可以做我們的叔叔。」

孩子們長大後，希特勒經常邀請他們參加各種宴會活動，也請他們去他柏林的寓所做客。只要是希特勒請他們去，他們就可以理所當然地放幾天假，不必去學校上課。每年耶誕節，他都會送禮物給他們。

同時，瓦格納的後代在希特勒那裡享受著特殊待遇。除了專業攝影師霍夫曼，只有瓦格納的兩個孫子維蘭特和沃爾夫岡可以為希特勒拍照。為此，兩個男孩靠賣「領袖」照片賺了不少錢。

在學校裡，每個孩子都必須加入希特勒少年隊，參加少年隊諸多繁瑣枯燥的活動。如果哪個學生膽敢退出，後果不堪設想。但是，維蘭特和沃爾夫岡卻被另眼相看：他們對希特勒少年隊的活動不感興趣，便仗著自己是希特勒的寵兒，毫無顧忌地宣布退出組織，老師和同學對他們無可奈何。據沃爾夫岡前幾年回憶，希特勒本人知道後，表現出驚人的寬容和大度，他甚至輕鬆而頗有同感地說，換了他也會這樣做。

最得寵的當數長子維蘭特。在他十八歲考完駕駛執照後，希特勒送給他的禮物是一輛豪華賓士汽車。第二次世界大戰時，維蘭特又作為瓦格納家族的繼承人被特許免去義務兵役，不必去前方打仗。他的一言一行，都得到希特勒的鼓勵和支援。也是在希特勒的過問下，維蘭特加入了納粹黨。

次子沃爾夫岡第二次世界大戰開始後上了前線，不久身負重傷回到德國。養傷期間，希特勒曾兩次去醫院探望。

瓦格納家族第三代中的小妹妹薇雷納在第二次世界大戰期間結了婚，丈夫博多・拉弗倫茨（Bodo Lafferentz）是納粹政權中的一個重要人物，在希特勒的授意下，他所領導的部門「歡樂帶來的力量」在戰爭期間購下了瓦格納音樂節的大部分入場券，作為「領袖」的禮物，送給從前線退下的傷病員和在軍工廠生產武器的工人，作為他們為納粹德國效力的獎賞。

小時候饒有興致地傾聽希特勒講述冒險故事、對希特勒曾經佩服得五體投地的長女弗麗德林特卻走上了一條和瓦格納家族其他人完全相反的道路：第二次世界大戰之前，曾是父親最寵愛的女兒、和母親卻一向格格不入的她就在法國、瑞士宣布背棄納粹德國，不再返回。戰爭開始後，弗麗德林特從英國輾轉南美，最後流亡美國。在此前夕，威妮弗雷德給女兒寫信，苦口婆心地希望以家庭溫情感動弗麗德林特，使她回心轉意，重返德國。威妮弗雷德在信中提到把弗麗德林特視為掌上明珠的兩個姑媽，她們都沒有孩子，如今年事已高，很想再見她一面；她還試圖以兄弟姐妹的手足之情打動女兒，讓她元旦回家，一起過個新年，或是藉口沃爾夫岡身負重傷，希望姐姐在自己身邊。可是，這一切都徒勞無益。和母親性格酷似，同樣倔強、好勝的弗麗德林特這時在國外已看清了希特勒及其第三帝國侵略擴張的真相，她要自己把握命運。她在給母親的回信中寫道：「你會看到，你們的希特勒將把你們引向何方，那就是引向深淵，引向毀滅。」

威妮弗雷德並不就此甘休，她親自來到瑞士，催促女兒回家。在一切勸說努力都付諸東流之後，威妮弗雷德對女兒說：「要是你不聽話，就會有人下令將你盡快根除。」威妮弗雷德是在一急之下說出這樣喪失人性的話，還是轉述納粹秘密員警蓋世太保頭目希姆萊甚至希特勒的指令，我們不得而知。很難想像，一個母親會自願對自己的親生女兒說這樣的話，可以想見，威妮弗雷德自己也承受著希特勒及其黨徒給她的巨大壓力。但是，威脅非但沒有阻擋弗麗德林特對自由和民主的嚮往，反而更堅定了她流亡國外的決心。這一點對威妮弗雷德無疑是致命一擊。一九四〇年夏天的瓦格納音樂節後，雖然希特勒不時邀請威妮弗雷德在德國的三個孩子維蘭特、沃爾夫岡和薇雷納去他的辦公室或他的住宅，但是，威妮弗雷德卻再也沒有見到過希特勒，無法和他面對面交談，無法直接向他提出自己的要求。有人認為，威妮弗雷德備受冷落的主要原因，是她沒能讓自己的女兒回心轉意；同時，她毫無顧忌地活動在納粹各部門，營救相識和不相識的人無疑也得罪了她的「領袖」。

第二次世界大戰結束後，希特勒的知音、對瓦格納音樂節成為納粹宣傳工具負有不可推卸責任的威妮弗雷德將音樂節總監的大權交給了自己的兩個兒子——維蘭特和沃爾夫岡。在一九五一年音樂節重新舉辦時，兄弟倆分工明確：哥哥主管藝術，弟弟操持財務。同時，兩人都參與導演歌劇。瓦格納音樂節的兩位新一代總監向全社會提出倡議：為使瓦格納音樂節順利進行，希望大家在這裡不談政治。因為瓦格納音樂節應是「藝術至上」。

維蘭特在藝術方面是個多面手：他畫得一手好畫，攝影方面也很有功力，成年後就參加瓦格納音樂節的布景設計。和弟弟一起從母親那裡接任總監後，更使他的導演才能得到最佳的發揮。在戰後德國乃至歐洲的古典樂壇上，維蘭特紅極一時。雖然維蘭特對於自己青少年時期和希特勒的交往史諱莫如深，但他向兒女們保證，自己是納粹政權的反對者。戰後的維蘭特搖身一變，成了左派人士的支持者和維護者，他的很多朋友是猶太知識份子。六〇年代，威妮弗雷德仍邀請前納粹及其家屬來家裡作客，發表納粹言論。維蘭特一氣之下，乾脆在自己和母親的房子之間，砌了一堵高高的牆。為此，威妮弗雷德對自己最寵愛的長子非常不滿，在維蘭特先她去世九年以後的一九七五年，她仍耿耿於懷。她對記者說：「希特勒活到一九四五年。到四十五年為止維蘭特沒有宣布和他脱離關係。而四十五年後他卻徹底脱離希特勒。也就是說，在希特勒活著的時候他沒有像弗麗德林特那樣做。」

威妮弗雷德說的是實話。其實，維蘭特在戰後的德國具有一定的代表性。在納粹統治時期，他們還非常年輕，我們可以說他們是不明真相、誤入歧途。希特勒覆滅後，他們卻没有勇氣承認這一點，竭力為自己辯護，甚至將自己打扮成納粹政權的反對者。

一九六六年，四十九歲的維蘭特因病離開人世。在這之前，沃爾夫岡一直生活在哥哥的陰影之下：樂壇和報界將維蘭特導演的歌劇捧上了天，對沃爾夫岡的藝術水平卻評價一般。不得不每天在一起工作的兄弟倆關係日漸惡化：沃爾夫岡不允許自己的子女觀看維蘭特的排練，也不允許他們和維蘭特的孩子交往。而他的孩子，尤其是兒子戈特弗里德卻偏偏喜歡看伯父的排練，偏愛伯父導演的歌劇。一向對長子維蘭特偏愛有加的威妮弗雷德，這時站在次子沃爾夫岡一邊。維蘭特去世後，沃爾夫岡一人主管瓦格納音樂節至今。從一八七六年瓦格納在拜羅伊特構建歌劇院，拉開瓦格納音樂節序幕並親自擔任總監，一直到近一百三十年後的今天，沃爾夫岡是在任時間最長的一個。如今，他已八十多歲，經營音樂節已有半個多世紀。前幾年，沃爾夫岡和德國政府的文化機構為瓦格納第四代中由誰接任總監而爭論不休，至今沒有找到一個各方面都滿意的人選。看來，沃爾夫岡還得再幹上幾年。

流亡美國的弗麗德林特一九五四年回到拜羅伊特。在兄弟姐妹四人中，這位威妮弗雷德的長女被普遍視為最有藝術天賦的一個。在哥哥維蘭特的支持下，弗麗德林特開設了「拜羅伊特音樂節培訓班」，幫助來自世界各地的音樂系學生闡釋和排演瓦格納音樂。維蘭特去世後，沃爾夫岡以資金短缺為藉口，取消了培訓班，削弱姐姐在家庭中的地位。七〇年代初，弗麗德林特定居英國，在那裡致力於父親西格弗里德作品的排練和上演。她有時回德國看看母親，威妮弗雷德也去過英國，和長女一起尋根訪祖。母女倆關係時好時壞，她們的性格實在太相似，都要強好勝，無法長時間相安無事地在一起生活。一九九一年，在母親去世後十一年，弗麗德林特也離開了人世。

如今，瓦格納家第三代的大哥大姐都已作古，小弟沃爾夫岡仍馳騁於樂壇，二戰時期也曾風光一時的小妹薇雷納生性溫和、與世無爭，戰後一直在德國波登湖（Bodensee）畔的家中過著寧靜的生活。因此，她對瓦格納音樂節如今的主人沃爾夫岡從未構成任何威脅。

二戰結束後，盟軍在紐倫堡設立法庭，專門審判納粹戰犯，威妮弗雷德也被送上了被告席。一九四八年，法庭作出的判決是沒收財產，判處參加四百五十天公益勞動。她不服判決，上訴成功，所有的處罰被取消。

威妮弗雷德被免於處罰的主要原因，是她在第三帝國期間，利用自己和希特勒的特殊關係，使許多納粹的異己免遭於難，其中不乏與她素昧平生的反納粹人士、猶太人、同性戀者。這裡不妨舉幾個例子：

一九三三年，一位名叫呂迪亞・拜爾（Lydia Beil）的人因被懷疑為共產黨人而被捕入獄。威妮弗雷德與她素不相識，在收到其丈夫的求援信後，威妮弗雷德不遺餘力地在納粹上層替受害者伸冤，拜爾最終被無罪釋放。威妮弗雷德事後說自己是「憑良心做事」。

納粹上台時，當眾多的戲院、歌劇院等文藝團體不得不將社會民主黨人、猶太人、同性戀者拒之於門外的時候，威妮弗雷德卻得以利用自己和希特勒的特殊關係，將這些人安置在自己的保護傘下。一位在瓦格納音樂節工作的女演員的丈夫是猶太人，一九三七年，就在猶太人開始遭受迫害的時候，威妮弗雷德將他們的兒子安排在音樂節辦公室工作。

同一年，拜羅伊特納粹黨地方頭目逮捕了兩位當地德高望重的醫生。威妮弗雷德為營救這兩位醫生，給納粹秘密員警蓋世太保頭目希姆萊寫信，並向希特勒申訴，還為醫生在法庭作證。

這樣，威妮弗雷德的名聲越傳越遠，第二次世界大戰爆發後，威妮弗雷德收到的求援信越來越多，營救工作卻越來越困難，但威妮弗雷德總是盡力而為：

猶太女作家埃爾莎・伯恩斯坦（Elsa Bernstein）的父親曾是瓦格納的朋友，她和女兒在戰前就曾經得到威妮弗雷德的幫助。後來，這位年逾古稀的失明猶太老人被關進了集中營，經過威妮弗雷德的多方努力，她在集中營裡受到了較為「優厚」的待遇，最終奇蹟般地得以倖存。

一位神父一九三八年被蓋世太保逮捕，投入集中營。他的親屬聽人說起威妮弗雷德，便抱著試一試的心理向她求援。威妮弗雷德為他奔波了七個月之久，一九四三年，這位神父意外獲釋。

遺憾的是，多年耳聞目睹納粹迫害猶太人暴行的威妮弗雷德並沒有因此而改變對猶太人的偏見甚至敵意。她眾多的俠義之舉也無法說明她看清了希特勒罪惡的本質。相反，她總是自相矛盾地為希特勒開脫，並始終把希特勒當成自己的知心朋友。一九七五年，在接受記者採訪時，威妮弗雷德說：「假如希特勒這會兒走進門來，我照樣會因為見到他感到開心和喜悅，至於他的那些惡行，我想確有其事，但是對於我來說，這些事並不存在，因為我不瞭解他的這一部分。」

威妮弗雷德恐怕是德國戰後最有爭議的一個納粹分子。主要原因並不在於她曾是希特勒的知音，不在於她差點要成為希特勒太太的謠傳，也不是因為她姑息希特勒，使瓦格納的音樂和瓦格納音樂節變成納粹的宣傳工具這些事實。戰後，當大多數納粹政權的受益者、納粹暴行的支持者或是竭力為自己辯護，表示不明真相、被迫行事，或是乾脆挖空心思將自己打扮成反納粹鬥士時，唯有威妮弗雷德公然承認自己是希特勒的好友，公開表示對他的好感，並引以為自豪。在一九七五年接受記者長達五小時的採訪時，她將這一點發揮得淋漓盡致。採訪在電影院放映後，當時德國年輕的一代反對威妮弗雷德將同希特勒私交和他的暴行區分開來的看法，但又佩服她敢於說出自己真實思想的勇氣。他們覺得，想什麼就說什麼的威妮弗雷德比那些見風使舵的人要可愛得多。湯瑪斯

・曼的兒子、作家克勞斯・曼（Klaus Mann）則將她戲稱為德國戰後「唯一的納粹分子」。

一九八〇年，八十二歲的威妮弗雷德走完了人生之路，同時也將她對希特勒的忠誠一同帶進了墳墓。看一看她的人生經歷，我們對她戰後的言行及其原因多了幾分瞭解。她從小接受的是極端的德意志民族主義和反猶太主義教育，進入瓦格納家庭後，更是加深了這種思想。從二〇年代初到二戰結束的一九四五年，她與希特勒相識相知整整二十二年，對她來說，這二十多年無疑是她漫長的人生旅程中最輝煌的時期。否定希特勒就是對她自己一生的徹底否定，這是好強要勝的威妮弗雷德無法做到的。

同時，我們也認識了另一個威妮弗雷德。她擔任瓦格納音樂節總監後，排除重重阻力大膽創新，使音樂節的藝術水平日臻完美。她仗義幫助素不相識的猶太人，挽救了不少生命，許多人一生都對她感激不盡。

但是，在審判威妮弗雷德時，審判官說的兩段話不得不引起人們的思考。當一位被威妮弗雷德營救的倖存者出庭為她作證時，審判官問：「不是有成千上萬的人當時和您處境相同，被關在集中營裡，和您同樣無罪嗎？那些無法像您那樣得到瓦格納夫人保護的九萬九千九百九十九個人的境遇又是如何呢？」接著審判官又說：「一九二三年政變後，納粹暴政就是仗著諸如瓦格納夫人那樣世界知名的上層人物的支持而得逞的，這一點您知道嗎？」

也許，人都是矛盾的統一體，這種矛盾在威妮弗雷德・瓦格納身上表現得尤為分明。讀了她的人生經歷，每個人都可以作出自己的評判。

但重要的是，我們不應忘記審判官的話。

6

納粹宣傳片女導演
萊妮・里芬施塔爾

萊妮・里芬施塔爾因爲納粹拍攝紀錄片
而名噪一時，她的一生頗爲人稱奇的，
又遭人非難。

Leni Riefenstahl
1902-2003

納粹政權的追隨者們大都在上個世紀走完了生命之旅，有一位當年倍受希特勒欣賞的女性卻跨過了千禧之交。二〇〇三年九月八日，在走過了整整一百零一年的人生之路以後，她在德國南部風景如畫的施塔恩貝格湖（Starnberger See）畔自己的別墅裡溘然長逝。這就是曾為納粹拍攝紀錄片而名噪一時的女導演萊妮・里芬施塔爾（Leni Riefenstahl）。

萊妮・里芬施塔爾的一生波瀾起伏、可謂大起大落。令人驚歎的是她少有的勤奮和毅力。她在生命的五個階段，從事過五項不同藝術領域的事業，而她的每一項事業都有一個共同之處，那就是不鳴則已，一鳴驚人。有人稱她有「五次生命」：年近二十開始學跳芭蕾舞，幾年後成了小有名氣的獨舞演員；正當她舞藝日益完美，即將走向世界舞壇的時候，一次意外事故中斷了她的舞蹈生涯。但是這次意外卻把她帶進了影壇，使她成為德國二十世紀二、三〇年代顯赫一時的影星，獲得了第二次藝術生命。此後，從不滿足於現狀的她又嘗試電影製片，開始了她的第三個藝術生涯，正是這段經歷使她與納粹政權有了聯繫，構成了她一生中為人詬病的一段歷史，卻也正是這段時間的工作奠定了她在世界電影史上的地位。第二次世界大戰結束後，萊妮・里芬施塔爾不再繼續從事電影事業，她把視線轉向非洲的奴巴（Nuba）部落。她和奴巴人一起風餐露宿，同時用照相機攝下了奴巴人原始簡樸而又引人入勝的生活。她這個時期的影集、影展不僅讓世人瞭解了奴巴族，也使許多人對她的攝影藝術讚歎不已。接著，她又為五彩繽紛的海底世界所吸引，在年逾古稀之時開始學習潛水，從事海洋生物攝影，開啟了她的第五個藝術生涯，一直到年近百歲的時候，她仍身著潛水裝穿梭於海底世界，在全球的水下攝影師中，恐怕再也找不到比她年齡更大的了。

在這五項事業中，與納粹政權合作、為納粹拍攝紀錄片的那幾年無疑是萊妮一生中最風光的階段。納粹倒台後，她最後被定性為「追隨者」而免予追究刑事責任。然而，新聞界對她卻緊追不捨，有關這位納粹女導演的文章絡繹問世。人們在第二次世界大戰結束半個多世紀後仍然指責萊妮的主要原因，恐怕已不是她和納粹政權合作以及她和希特勒個人之間的交往，而是在於她對自己那段歷史的態度。人們指責她從不承認有錯，從不承認自己的影片事實上起到了為納粹政權歌功頌德的作用，從未反思過藝術家的良心和責任。

對於這些指責，萊妮的解釋是：她獻身的是藝術，而「純藝術……是沒有責任的」。她一口咬定自己對政治毫無興趣，並且一再強調自己為希特勒工作的時間很短。二〇〇〇年，她在一次回答記者的提問時說：「你們看，我九十八歲了，但是，在整個一生中，我只為希特勒工作了七個月。」這就是萊妮對待自己那段納粹經歷的態度。

當然，也有為萊妮打抱不平的。一九九九年，當今德國最著名的女權主義者愛莉絲・史瓦澤（Alice Schwarzer）在一篇文章中以不平的口吻寫道：「在德國，對這個女人的糾纏到了誹謗和迫害的地步，至今仍未止息。」而《萊妮傳》（*Leni Riefenstahl: Die Verführung des Talents*）的作者羅特爾（Rainer Rother）則試圖從另一角度分析她在戰後如此遭人非議的原因：「萊妮・里芬施塔爾很快而又持久地成為有關納粹問題討論中的象徵性人物，其中一部分原因，也許因為她是個女人。」

新聞界對萊妮的追究，使她頗為惱火，稱之為「名譽殺手」。她為此打了五十多次官司。有意思的是這些官司大都以她勝訴而告終。

二〇〇〇年十月，九十八歲的她還親自參加法蘭克福書展，展示一本敘述她生平的畫冊。像過去一樣，萊妮所到之處，擠滿了記者和讀者。就在她百歲生日前夕，人們在德國各家報紙上看到這樣一則消息：一位年逾古稀的吉卜賽婦女狀告萊妮・里芬施塔爾，原因是她散布不實之詞。原告獲得勝訴，法庭判決，被告今後不得聲稱她在納粹時期為拍攝故事片而從關押吉卜賽人的集中營裡選中的六十多名群眾演員，後來沒有被送到奧斯維辛集中營⑧，他們中的大多數人在戰後還活著。幾個月後的二〇〇二年十一月十一日，媒體又傳來消息，發現萊妮・里芬施塔爾一九三四年曾拍攝一部有關希特勒當年參加農民大會的短片。

對萊妮的爭議看來還遠遠沒到盡頭，有關她的消息也許還會不斷見諸於媒體。但是無論如何，此人的一生是頗為令人稱奇的。難怪美國好萊塢著名電影明星兼製片人、導演茱蒂・福斯特（Jodie Foster）曾打算將萊妮的生平拍成電影，並出演女主角。福斯特說：「在二十世紀，沒有一個女人像她那樣既為人崇拜，同時又遭人非難。」福斯特認為她是「二十世紀最引人注目的女人之一」。

萊妮究竟是怎樣一個女人呢？

一九〇二年八月二十二日，萊妮誕生在德國柏林。她的父親出身於鉗工家庭，兄弟姐妹一共四人。她的外祖父是個建築工程師，結過兩次婚。他和第一個妻子生下了十八個孩子，萊妮的母親排行十八。外祖母去世後，外祖父接著娶了為自己照看這十八個孩子的女傭，又生了三個孩子。萊妮的父親阿爾弗雷德（Alfred Riefenstahl）和母親貝爾

---

⑧奧斯維辛（Oświecim）為波蘭文，德文作奧許維茲（Auschwitz），位於波蘭南部，德國納粹所設最大集中營，一九四〇—一九四五年。——編按

塔（Bertha Riefenstahl）是在柏林的一次化妝舞會上相識而相愛的。結婚的時候，阿爾弗雷德已是一家規模不小的暖氣和通風設備公司的老闆，而貝爾塔剛剛二十歲出頭，是一個身材苗條、相貌姣好的年輕女子。在萊妮出生後三年半，她的弟弟海因茨（Heinz Riefenstahl）也來到了人世。

阿爾弗雷德公司的生意不錯，四口之家過著富足的生活。天資過人的萊妮從小就爭強好勝，一旦定下目標就一定要做到、做好；她喜歡拋頭露面，期盼人們都來讚美她、欣賞她，渴望成為人們關注的中心；她自信而固執，有了錯誤從不承認。這種性格伴隨了她的一生，使她既功成名就，也備遭譴責。

萊妮從小就酷愛體育運動，這一點無疑來自父親的影響。阿爾弗雷德青少年時代就愛上了當時並不多見的足球，後來又對拳擊和賽馬產生了濃厚的興趣。萊妮則是游泳、體操和滑冰能手，在兒童俱樂部組織的游泳比賽中經常得獎。她常常穿著溜冰鞋往返於住家和學校之間，可謂一舉三得：溜冰鞋既是輕便的交通工具，又起到了鍛鍊身體的作用，而對萊妮來說，最重要的是可以招來行人的驚歎和讚美。

在學校裡，萊妮是個調皮搗蛋的孩子。上個世紀初的德國，皇帝萬壽或是打仗勝利的時候，都要升旗慶祝，學校也會放假一天。升旗那天，萊妮和女友會悄悄地爬到學校房頂，將旗子取下來；而皇帝不過生日、也並非打勝仗的時候，她們則千方百計地把旗子掛上去。為了翹課，她和女友想盡了辦法。有一次，同學中間正好流行風疹，萊妮給好友阿莉絲的臉部、頭頸和手臂畫滿了紅點，老師見狀大驚失色，立刻打發阿莉絲回家養病。

這樣的惡作劇倒也沒有影響萊妮的功課，不過據她自己回憶，她的成績單上，「品行」一項總是全班最差的，因為她在上課時不像別的孩子那麼老實規矩，總要提出各種各樣稀奇古怪的問題為難老師，使老師們傷透腦筋。

放學回家後，萊妮便一頭栽進書堆。她最愛看的是童話故事，對每週出版的童話雜誌《從前》從不錯過，總是一口氣讀完，然後沉浸在童話的夢幻世界裡。長大以後，她愛讀傑克·倫敦（Jack London）、左拉（Zola）、巴爾扎克（Balzac）、托爾斯泰（Tolstoy）和陀思妥耶夫斯基（Dostoyevsky）的小說或劇本。

萊妮從小最大的願望就是當一名演員，但她知道，性格暴躁的父親是不會同意她幹這行的。在阿爾弗雷德眼裡，演員大都品行不端，他希望女兒正正派派，將來繼承父業，在他的公司裡找個實實在在的工作。

女兒不是不知道父親的想法，也不是沒有領教過父親的嚴厲。萊妮在八十多歲時撰寫的《回憶錄》（*MEMOIREN*）裡，敘述了一段令她難以忘懷的童年往事：小學一年級的時候，班裡的一幫女同學有時聚在一起，到蔬菜、水果市場偷蘋果作樂。她們趁人不備將裝滿蘋果的籮筐弄翻，然後撿上幾個蘋果拔腿就跑。在這群頑童中，萊妮總是領頭的。有一回她們動作慢了些，被抓了起來，告到父母那裡。阿爾弗雷德知道後，大發雷霆，將女兒毒打了一頓。這樣的經歷有過多次。儘管如此，萊妮仍然很愛這個動不動就暴跳如雷的父親。

但是，要是萊妮屈從於父親的旨意，那她就不是那個生性好強的萊妮，也不會有後來著名舞蹈演員、著名電影演員、著名導演、著名攝影師的萊妮；她也許不會和希特勒相識，她這一生就不會有那麼多的是是非非。

不達目的絕不甘休的萊妮，遲早會做自己想做的事，走自己想走的路。她曾說：「我一直就有這樣的習慣，那就是只做自己感興趣的事。別的事情我幾乎不聞不問，我生活在自己的世界裡。別人想什麼、說什麼與我無關。」

第一次世界大戰結束的一九一八年，十六歲的萊妮中學畢業。一次偶然的機會，她在母親的支持下瞞著父親，報名參加舞蹈班。起步甚晚的萊妮就像是一個天生的舞蹈家，在練舞廳裡如魚得水，「去了五、六次後，肌肉的緊張感就消除了，我的四肢開始跟著音樂翩翩起舞」。接著，她又開始了芭蕾舞訓練。她天賦極高又非常刻苦，從舞蹈學校回家後，還要練上好幾個小時。

功夫不負有心人。不久以後，萊妮總算有了拋頭露面、展示才華的機會：在舞蹈學校組織的一次演出前三天，一位台柱獨舞演員突然病倒，當時急需有人救場。曾經偷偷學跳獨舞的萊妮自告奮勇，願意充當替補。將信將疑的老師和觀眾在看了萊妮的演出後，都為她的舞姿和才華所折服，掌聲一次又一次將她從幕後引向台前。

但是，不幸的事也因此發生了。一位熟人看完演出後，向蒙在鼓裡的阿爾弗雷德表示祝賀。她的父親異常惱怒，不僅好幾個星期不跟女兒說話，還遷怒於妻子，聲言要和她離婚。直到女兒答應今後不再跳舞，父親方才甘休，打消了離婚的念頭。萊妮則像當時大多數中學畢業的青年女子一樣，被送到一所女子家政寄宿學校學習，為日後嫁個好丈夫、做個好妻子作準備。

但是，萊妮並不想嫁個好丈夫、做個好妻子，她不希望一輩子依賴別人，不願意像自己的母親那樣生活。漂亮的母親年輕時也做過演員夢，但她二十二歲就結婚了，把自己的一生獻給了家庭。每每看到自己善解人意的母親遭受父親的欺壓時，更堅定了萊妮獨立自主的決心。她在《回憶錄》中寫道：「我從不希望自己在生活中依賴他人。我父親在解不開襯衣領扣時就會像一頭大象一樣頓足跺腳，暴跳如雷。當我看到父親這樣對待母親的時候，就會發誓，在今後，絕不把命運之舵交給別人。唯有我自己的意志才能起決定作用。」

可想而知，追求獨立自主的萊妮不會輕易放棄自己的理想。去家政寄宿學校之前整理行裝，她偷偷地將心愛的芭蕾舞鞋放進箱子。在家政學校學習的一年時間裡，她每天都是黎明即起，當同學們還沉浸在夢鄉的時候，她就穿上舞鞋練舞，等到大家起床，她已經練習了三個小時。

從家政寄宿學校回到父母身邊後，萊妮答應在父親的公司裡工作，但條件是允許她下班後每週三次去舞蹈學校學習。一段時間以後，父親見女兒仍念念不忘跳舞，自己也無法使女兒回心轉意，不得不改變主意，索性出錢讓她全力以赴接受一流的芭蕾舞訓練。十九歲的萊妮起步實在太晚了，但她在名師的指導下，以她的聰穎與刻苦，一年以後便趕上了所有的同學。

一九二三年十月，萊妮在柏林舉行個人專場演出，引起轟動，一個舞蹈新星脫穎而出。而此時的希特勒正在慕尼黑策劃政變，最後以失敗告終。

自從首場演出獲得成功後，萊妮一發而不可收拾，她自編自演，除了在柏林最著名的「德意志劇院」（Deutsches Theater）演出，還巡演於德國各地，所到之處大受歡迎。她還登上了奧地利、瑞士和捷克的舞台。可是，正當她的舞蹈事業如日中天之時，卻發生了意外事故，她在捷克演出時摔傷，從此只好告別舞台。

好強的萊妮當然不會因此而一蹶不振。隨著舞蹈夢的破碎，她又將目光轉向電影藝術。二十世紀二〇年代電影還處在無聲階段，當時德國有一種以皚皚雪山為背景表現人與自然搏鬥的影片，被稱為「雪山電影」，頗為流行。電影故事主要發生在德國南部的大雪山，沒有什麼曲折動人的情節，但人物活動在漫天皆白、森森逼人的崇山峻嶺，險情迭起，因此扣人心弦。這種電影形式的創始人名叫范克（Arnold Fanck），每部影片都由他自編自導。

根據萊妮《回憶錄》的記述，一次偶然的機會，她看了范克編導的影片《命運山》（*Der Berg des Schicksals*），被潔白高大的雪山深深地吸引了。她坐在電影院裡，一遍又一遍地觀看此片，並且發誓要在類似的電影裡扮演角色。

在一般人的眼裡，這無非是一種不切實際的空想：在大都市長大的萊妮從未見過雪山，沒有學過爬雪山、滑雪橇，更何況她受傷的膝蓋還像針刺一樣隱隱作痛。

但是，萊妮似乎從未想過諸如「我能行嗎？」「人家會要我嗎？」「別人會笑話我嗎？」之類的問題。她充滿自信而又不無狂妄地說：「下一部影片我將參與出演。」

不過，萊妮清楚地知道成功不會從天上掉下來，她知道事在人為，她知道除了天資，更重要的是勤奮和刻苦。她的一生始終抱著這樣一個信念，那就是：「我要學，我一定要學——如果我非要不可的話，那我也一定能夠學會。」

萊妮堅強的意志又一次勝利了。她通過艱苦的努力，學會了爬雪山、滑雪橇，並經熟人介紹結識了導演范克，范克對萊妮非常欣賞，特意為她量體裁衣，寫了劇本《神聖山》（*Der Heilige Berg*），讓她扮演一位漂亮的舞蹈演員。就這樣，萊妮開始了她的第二個藝術生涯。

拍攝條件是艱苦的。萊妮不僅要爬雪山、滑雪橇，而且還隨時面臨著雪崩的危險。而范克拍電影時追求真實和完美，更使萊妮吃盡了苦頭。在《神聖山》和以後的幾部電影裡，他或是要求萊妮真的被雪崩活埋，或是讓她赤裸著雙腳爬上冰冷的雪山，或是讓她和大白熊一起跳進刺骨的冰河裡。

一九二六年，《神聖山》拍攝完畢，影片好評如潮，萊妮一躍成為令人矚目的影壇新星。緊接著，范克和她又合作拍攝了多部電影。影片的故事大多是英雄美女的俗套，拍攝地則一律在高山雪地。

萊妮因出演「雪山電影」的女主角學到了很多東西，可以說，范克是萊妮以後事業上的領路人：她從范克那裡看到了嚴謹的導演方法，學會了電影攝影和電影剪輯，她瞭解到電影是一門整體藝術，導演、演員、攝影、剪輯缺一不可，只要一個環節出問題，就會影響整部電影的效果。在范克那裡學到的一切為她獨立導演影片創造了有利的條件。

從一九二五年初次合作到一九三三年為止，萊妮和范克攜手工作了整整八年。時間一久，追求新意和獨立的萊妮無法從千篇一律的雪山故事中得到滿足，她也厭倦了寒冷險峻、變化無常的雪山，不想再聽憑導演的擺佈，吸引她的是豐富多彩的攝影鏡頭和變化多端的剪輯技術。她不僅要出演影片的女主角，還要在影片中注入自己的思想，成為影片真正的主人。

早在一九三一年，萊妮就開始策劃獨立製片。她自己成立了一家電影公司，並且構思了這樣一個故事：一位外鄉畫家來到一個偏僻閉塞的山村，高山中埋藏著價值連城的藍色水晶玻璃。只有一個名叫容塔（Junta）的青年女子知道埋藏寶物的洞穴，她獨自生活在高山上。村裡的許多男青年試圖跟蹤她，最後都落得個粉身碎骨的下場。畫家愛上了容塔，來到了她居住的小屋，並知道了通往洞穴之路。他無意中把這一秘密告訴了村民，洞穴被洗劫一空。最後，容塔在離開洞穴時也摔死。

萊妮給這個故事取名《藍光》（*Das Blaue Licht*），故事發生在山區，和范克拍的電影相比，高山雖然同樣陡峭險峻，但少了冰天雪地的刺骨寒冷。她把故事大意以及拍攝想法寫了下來，告訴了范克，同時叩響了其他電影製片人的大門，希望得到他們的支持。但事與願違，權威們看了以後，都不願意接受，理由是故事太一般，沒有任何轟動效應。

自信的萊妮自然不肯就此甘休。她從下決心獨立拍片的那一刻開始，就抱著這樣的信念：再困難的事也難不到自己。她認為，人們無法接受這一故事的主要原因，是他們沒有領會她的構思意圖。她和范克走的是完全不同的兩條路：范克電影的主題非常現實冷酷，講究的是畫面的美。而她所追求的是主題和畫面的有機統一，完美的畫面要用美好的主題來襯托。

於是，萊妮決定堅持走自己的路。為了給《藍光》籌備足夠的資金，她一邊把父母送給自己的首飾賣掉，一邊接下了又一部范克拍攝的冬季運動喜劇片，出任影片中的女主角。其實，萊妮並不喜歡這部名為《白色醉意》（*Weißer Rausch*）的電影，覺得自己扮演的女主角既俗又蠢；但是，為了把拍電影賺得的酬金投入到《藍光》裡去，她還是接受了這個角色。

幸運的是，匈牙利的一位著名劇作家答應為她撰寫《藍光》劇本，一些曾和她一起在范克電影裡合作過的攝影師等也鼎力相助，願意不計報酬加入《藍光》的拍攝隊伍。萊妮自己則身兼數職：既是製片人，又是導演，還出演女主角容塔。就這樣，一支人數不多的劇組組建起來了。

萊妮在《回憶錄》中，將她作出這一決定的原因歸之於囊中羞澀，拿不出錢來支付女主角和導演的酬金，因此只能親自出馬，字裡行間流露出的是無奈。在以後的章節描述為納粹拍攝宣傳片時，萊妮也表示自己其實很不願意，一再推脱而未能成功，同樣顯得無可奈何。這似乎和萊妮的個性有所矛盾。很難想像，像她這樣一個意志堅強、方向明確的人，會聽人擺佈、被迫行事。事實上，是自信和成功的欲望驅使她接受一個又一個新的挑戰。

萊妮尋訪了許多村落以後，將拍攝地選在奧地利一個偏僻的小山莊，那裡近乎世外桃源。她第一次看到村民的時候，他們剛做完禮拜從教堂出來，頭戴黑色氈帽、身穿黑色套裝，面部清瘦、神情嚴肅，讓人有一種難以接近的感覺。這正是萊妮在《藍光》中所要追求的風格，這些村民正是《藍光》中所需要的群眾演員。

現實中的村民的確很難讓人接近。他們生活簡樸，不為金錢和禮物所動。為了贏得支持和信任，萊妮在那裡住了幾天，偷偷地為他們拍了一些照片。從未見過照片的村民們看了自己的照片以後放下了一臉嚴肅，開心地笑了；她還請他們喝葡萄酒。就這樣，萊妮和他們之間的距離縮短了。不知電影是何物的村民邀請萊妮在秋天農閒之時再次光臨，答應到時全力相助。村民們沒有食言，劇組在艱苦的物質和自然條件下完成了拍攝工作。

一九三二年三月，萊妮首次獨立製作的電影《藍光》在德國首映，獲得了巨大成功，導演萊妮也由此誕生。曾將她的構思打入冷宮的范克看了片斷後給仍在外景地拍攝的導演發去這樣一份電報：「祝賀你，攝影令人難以置信，從未見過如此的畫面。」

這樣，萊妮繼舞蹈演員、電影演員之後，又以導演的身份成為人們關注的中心。《藍光》被公認為不可多得的成功之作，它故事優美動人，情節緊張、恐怖而不失浪漫情調，而且又能保持風格的統一。影片在攝影方面有許多創新和突破，《藍光》在電影攝影領域首次採用了一種對紅外線極其敏感的特殊材料，神奇地將白天的烈烈紅日，變成了現實中並不存在的黑夜藍光，為影片平添了奇異的色彩。

有關《藍光》的成就及其反響，萊妮當然不會忘記在半個多世紀後撰寫的《回憶錄》裡著重強調：「它獲得了始料未及的成功，引起了巨大的轟動，這是我做夢也沒有想到的。柏林的評論家們興奮異常，《藍光》被看作是幾年來的最佳影片。報界說它應該獲得電影最高獎。」接著，萊妮又引用當時《電影快訊》的評論：「觀眾簡直著了迷。在電影院燈亮之前，他們生活在另一個世界裡。一位大膽的、對自己的作品和追求深信不疑的女性使暗淡無光的電影世界頓時光彩奪目。」

《藍光》在國內引起強烈的反響，同樣也贏得了國外觀眾的好評。在歐洲的繁華都市巴黎和倫敦，《藍光》連續上映一年有餘，經久不衰。影片於一九三二年在舉世矚目的威尼斯電影節上獲得了銀獎。據說萊妮還收到喜劇大師卓別林（Charlie Chaplin）從好萊塢發來的賀電。有評論家認為，這是萊妮一生中拍攝的最美的一部電影。

就在萊妮帶著影片在各大城市巡迴放映之時，希特勒也正穿梭於德國各地，為翌年的大選拉選票、作宣傳。但這並不妨礙他忙裡偷閒看電影消遣。希特勒不僅看了《藍光》，也看過萊妮主演的所有電影。他說：「我在電影裡看到最美的，是影片《神聖山》中萊妮．里芬施塔爾在海邊翩翩起舞。」

不久以後，希特勒和萊妮相識，從欣賞她的電影而稱讚她的才能，對她不乏敬仰之情。不過，希特勒並不是崇拜萊妮的第一個男人。在他之前，已有不少男人拜倒在她的腳下，她也有過自己鍾情的男人。萊妮喜歡的人，一般都是相貌英俊、事業成功，在體育或電影方面頗有成就，但她和他們之間的戀情大都非常短暫。而萊妮對性格靦腆又真心愛她、甘願為她赴湯蹈火的崇拜者則不屑一顧，甚至會想出一些鬼點子把他們捉弄一番。耄耋之年的萊妮對自己當年感情糾葛記憶猶新，在《回憶錄》裡有非常詳盡的描述。

早在十四歲的時候，萊妮就愛上了一個過路青年男子，雖然沒有和他說上一句話，以後再也沒有見過他，但萊妮有兩年時間一直想著他。

與此同時，一個小夥子悄悄地進入萊妮的生活，這個人叫瓦爾特，恐怕是第一個崇拜萊妮的年輕人。而萊妮那時一心暗戀著那位只見過一面、從未相識的過路人，她不但不把瓦爾特放在眼裡，還經常和女友一起捉弄他。有一回萊妮的班上來了一位新的體育老師，還不認識班裡所有的同學。萊妮就說服比自己大兩歲的瓦爾特戴上金色假髮和漂亮的耳環、穿上女孩的衣服，混在女生當中。上體育課的時候，老師被蒙在鼓裡，而萊妮和她的女伴們則差點笑破了肚皮。萊妮沒有想到，這場惡作劇帶來了嚴重的後果：瓦爾特的父親在家中偶然發現兒子藏著的女孩衣物，以為他有怪癖，深感恥辱，將他趕出家門。

不過，萊妮並沒有因此而愛上瓦爾特，瓦爾特也沒有因此而怨恨萊妮。相反，他對萊妮的愛越來越強烈，因為無法達到自己的目的，最後發展到病態。他處處跟蹤自己的崇拜者，在一個寒冷刺骨的風雪之夜，他一動不動地站在萊妮家門外，幾乎被凍死。他被送到精神病院治療，為了防止復發，醫生規定他不得再和萊妮見面。瓦爾特的家人將他送到美國讀書，後來當上了教授。他一直沒有忘記萊妮，戰後曾回德國看望她和她的母親。

萊妮的父親喜歡去跑馬場看賽馬，也不時下點小賭注，十七歲的萊妮常常相伴左右。英俊瀟灑的騎手深深地打動了萊妮的少女之心，這樣，她慢慢地忘卻了那位陌路相遇的青年，偷偷地鍾情於柏林有名的騎手奧托。愛屋及烏，萊妮居然研究起純種馬的飼養，說起來頭頭是道。她幾次試圖和自己的崇拜者接近，但都因後者靦腆拘謹沒有成功。而萊妮卻引起了另一位騎手的注意，他約萊妮在飯店見面，並訂了一間牆上塗滿紅漆、擺滿紅色傢俱的小房間。本想通過後者認識奧托的萊妮發覺上當，幸虧得以及時逃脫。

女子家政寄宿學校畢業後，萊妮除了在父親公司工作和練習舞蹈外，還開始學打網球。在網球俱樂部，她遇到了當時德國網壇冠軍，對他一見鍾情。二十一歲的時候，萊妮將自己的處女之身奉獻給了自己崇拜的這位網壇名將，但後者卻令她大失所望：他扔給她二十美元，輕描淡寫地說：「要是你懷孕的話，就拿這錢去打胎。」後來這位網壇名將雖有反悔之意，並執意要和萊妮訂婚，但被她拒絕了，他們之間的感情糾葛就此劃上了句號。

根據萊妮後來的回憶，「雪山電影」的創始人兼編導范克之所以專門為她編劇，讓她出任女主角，不僅僅是由於欣賞她的才華和毅力，更是因為對她很有好感。他給她寫了無數首情詩和無數封情書，表達自己的愛慕之情，但萊妮卻和《神聖山》的男主角特倫克爾（Luis Trenker）發生了戀情。現實中的萊妮同她扮演的角色極其相似，在《神聖山》中描寫的也是這樣一個三角關係，女主人公也是一位舞蹈演員，同樣被兩個男人追求。不過，萊妮和特倫克爾的關係非常短暫，《神聖山》拍攝完成後，他們就分道揚鑣。范克和特倫克爾從此也就無法繼續合作了。

接著，繼續與范克合作拍電影的萊妮和他們的攝影師施內貝爾格（Hans Schneeberger）成了形影不離的一對。這一次，萊妮自以為終於找到了真正的愛情，感受到兩人世界的歡樂。但是，他們並沒有白頭到老。一九二九年，朝夕相處了三年以後，施內貝爾格另有新歡，離她而去。他沒有當面向她說明，沒有和她告別，只給她寫了這樣一封信：「很遺憾，我今天不得不告訴你一件事：我不再愛你了，我認識了一個女人，我愛她並且和她生活在一起。請你不要來找我，因為這無濟於事。我也不希望我們再見面。」

這次失戀對萊妮的打擊是巨大的。收到施內貝爾格的信後，「痛苦滲透了我身體的每個細胞，使我麻木不仁。我試圖用一聲慘叫從中解脫出來，一邊哭喊一邊咬著雙手，踉踉蹌蹌地從一個房間走到另一個房間。我拿起一把拆信刀在手臂、臀部和腿上劃出了血。我感覺不到身體的疼痛，而精神上卻如同地獄之火的炙烤，痛苦不堪。」

萊妮發誓再也不這樣真摯地愛一個人了。與她一起拍電影的許多攝影師、演員就成了她的臨時「獵物」。

不過，時過境遷，萊妮和施內貝爾格恢復了朋友關係。一九三一年，萊妮請他出任《藍光》的攝影，後者為影片的成功立下了汗馬功勞。

萊妮在回憶自己為納粹效勞的那段歷史時說：我唯一的過錯就是希特勒崇拜和欣賞我。言下之意，她自己並沒有任何責任。其實，希特勒和萊妮相識，是萊妮主動找上門去的。

一九三二年二月底，萊妮在柏林的體育場參加了一次希特勒的演講會。站在擁擠不堪、浮躁嘈雜的人群中，萊妮一開始幾乎後悔自己來到這裡。但是希特勒一開口說話，她的感受卻完全不同了。萊妮追溯當時的情景時寫道：

我的感覺就像地面在我面前伸展開去，如同一個突然從中間分開的半球，一股巨大的水柱噴射而出，力大無比，直指天空，震撼大地。

我感覺麻木。雖然有很多沒有聽懂，但講話對我很有吸引力。聽眾的掌聲如急風驟雨，我感受到，他們被這個人迷住了。

此時的萊妮和九年前的威妮弗雷德·瓦格納一樣，被希特勒吸引住了，她產生了認識希特勒的想法。於是，兩個多月後，即一九三二年五月十八日，萊妮主動給希特勒寫了一封信，寄到慕尼黑的納粹黨總部：

尊敬的希特勒先生：

……不久前我平生第一次參加了一個政治集會，那是您在體育場作報告。我不得不承認，您和聽眾的熱情給我留下了很深的印象，我很希望認識您。遺憾的是，幾天後我將離開德國幾個月，去格陵蘭島拍電影，因此，要在我出發前和您見上一面恐怕已無可能。另外，我也不知道您能否收到這封信。要是能得到您的回音，我將很高興。

此致　問候

萊妮・里芬施塔爾

萊妮信中提到的即將拍攝的電影，名為《呼救信號冰山》（*S.O.S. Eisberg*），是德國和美國合作拍攝的影片，也是她和范克最後一次合作。故事發生在地處北極的格陵蘭島（Grønland），那裡居住著與世隔絕的愛斯基摩人，萊妮扮演的是女飛行員、一位在北極失蹤的科學家的妻子，在這部片子中戲很少。萊妮的《藍光》轟動影壇，一舉成名，本可以繼續獨立拍片，但她一時找不到好的素材，加上神秘的北極對她的吸引和攝製組給她豐厚的酬金，因此，在給希特勒寫信的同時，她也正打點行裝，準備和攝製組一起去格陵蘭島。

没想到從柏林出發前一天就接到了希特勒隨從的電話，希望她第二天能去德國北部的海濱城市威廉港（Wilhelmshaven），和正在那裡從事競選活動的希特勒見上一面。當時希特勒對萊妮的吸引力一定是巨大的，不然，一向對工作極其認真的她不會自作主張地拋下攝製組，獨自坐上了開往威廉港的列車。

後來在《回憶錄》裡，萊妮聲稱自己和希特勒的此次見面是命中註定的。按照她的説法，在收到她的信之前，希特勒曾在隨從面前提到她，對她的電影倍加讚賞，因此，在收到一大疊從慕尼黑納粹黨總部轉來的信後，隨從立刻將萊妮的信抽出交給了希特勒，使他們得以在萊妮出發前見上一面。從現象上看，這次會面的確很湊巧，如果攝製組早兩天出發，或是隨從晚一天和其他信件一起交給希特勒，那麼，萊妮和希特勒就很有可能失之交臂，也許他們永遠是陌路之人，她也就不可能拍攝宣傳納粹的紀錄片。但是，在偶然之中，卻存在著必然性：目標明確是萊妮一貫的生活態度，無論是足尖舞蹈、在「雪山電影」中扮演角色、自己策劃導演《藍光》，抑或是和男人相識相戀，都是她自己選定的方向，大都是由她主動「出擊」。可以想像，對希特勒抱有極大好奇心的萊妮是不會輕易放棄和他見上一面的願望的，如果此次不成，她一定會再次嘗試。

這樣，就有了這位已經嶄露頭角的女導演和正在為奪取政權作準備的納粹黨魁在威廉港海灘的漫步，就有了他們之間的初次對話。根據萊妮回憶，他們談論的話題有她主演的電影，她拍攝的《藍光》，也涉及納粹的種族歧視。

儘管萊妮聲明自己不會加入納粹黨，對希特勒的種族思想也不能苟同，但初次見面，希特勒仍對萊妮欣賞備至，他表示一旦奪權成功，就要授權萊妮為他拍攝影片。不僅如此，在萊妮的敘述中，希特勒像她以往認識的男人一樣，一開始就拜倒在她的腳下。「在談話中斷了一段時間後，他停住腳步，長久地看著我，慢慢地張開雙臂將我摟住。我驚愕不已，因為事情出現這樣的轉折並不是我所希望的。他激動地看著我。當他發現我表示拒絕後，馬上鬆開了手。接著，他略微轉過身去，我看見他舉起手來發誓：『在事業完成之前，我不可以愛女人。』」

儘管萊妮對這段插曲深表意外，也頗為反感，但在格陵蘭島拍完《呼救信號冰山》後，她還是給希特勒打了電話，並且如約來到希特勒在柏林下榻的飯店，向他詳細敘述在北極的情況。

在以後十多年的交往中，希特勒再也沒有作出什麼出格之舉，他在欣賞萊妮才華的同時，把她看作一個知心朋友，幾次將自己私生活和「事業」上的煩惱、痛苦以及憤慨向她傾吐，諸如納粹內部的權力爭鬥，他心愛的已故外甥女格莉，還有自己不結婚的緣由。

一九三二年，希特勒尚未上台，在通往權力的道路上，他正在作最後衝刺。而萊妮自從認識了希特勒，便一頭栽進了納粹的懷抱，不能自拔。

萊妮常常接受希特勒的邀請，和他一起在他所住的飯店喝茶聊天，參加希特勒的知己、後來的納粹宣傳部長太太瑪格達・戈培爾在自己宅第舉辦的聚會。參加聚會的多為納粹要人和藝術家，是瑪格達專為在各地競選演講告一段落的希特勒組織的。納粹奪權成功、希特勒當上了帝國總理以後，她更是總理府的常客。萊妮也邀請希特勒及其攝影師霍夫曼去她的住處觀看她在拍攝《藍光》期間所拍的照片。

一九三三年八月，納粹黨代會在紐倫堡舉行。這是納粹奪權得逞後的第一次黨代會，對希特勒至關重要。他要請一位可以信賴的高手，根據大會實況拍一部題名《信仰的勝利》（*Der Sieg des Glaubens*）的宣傳片，讓德國百姓目睹納粹的威風，為進一步鞏固政權奠定輿論基礎。從結識萊妮之時起，到一年多之後的這次黨代會前夕，希特勒曾多次希望這位新秀為他拍片。根據萊妮自己的說法，都被她拒絕了，理由是她不擅長也不願意接受「任務片」，更何況她對政治和拍攝政治題材的電影本來就沒有絲毫興趣。這一回，萊妮雖然也曾推託，但最終還是接了下來。也許，萊妮害怕違背希特勒的意願可能會招來不良後果。但是，毋庸置疑，聰明絕頂的萊妮在希特勒委託的任務片裡，一定也看到了自己的發展機會。繼《藍光》成功後，萊妮很想一鼓作氣，繼續獨立拍片，卻始終沒有找到合適的選題。就在接到希特勒的任務之前，她很想拍一部間諜片，但遭到德國電影製作發行部門的拒絕，原因是納粹國防部禁止拍攝間諜片。另外，她在經濟上也遇到了困難，拍攝《呼救信號冰山》時賺來的酬金眼看著就要用完，手頭拮据得連房租都難以支付。

很想有所作為而又無從下手的萊妮在納粹宣傳片中看到了一線希望。至於萊妮當時對政治，對納粹，對拍攝希特勒宣傳片的態度，她自己後來的描述和一些當事人的看法有很大的出入。萊妮的頂頭上司，納粹宣傳部長戈培爾稱女導演是「明星中唯一理解我們的人」。一九三三年五月，戈培爾在日記中寫道：「下午，萊妮・里芬施塔爾：她敘述了自己的計畫。我向她提議拍攝一部有關希特勒的影片，她為之所動。」

在僅僅只有幾天準備時間的情況下，萊妮還是趕在一九三三年八月三十日納粹黨代會開幕之際，開始了《信仰的勝利》的拍攝。雖然萊妮是希特勒欽定的人選，但仍受到重重阻力：納粹宣傳部下屬電影部門的主管人員眼看著本該屬於自己的「肥肉」被一個連納粹黨員都不是的女人奪走，對領袖將這一「重大」任務交給萊妮深表不滿，因此採取不合作態度。他們只為她提供為數不多的人員，極其簡陋的設備和少得可憐的攝影材料，迫使萊妮不得不急急忙忙向家人求助：她向父親借錢，又把已是父親暖氣設備公司頂樑柱的工程師、她的弟弟海因茨叫來當助手。就這樣，一個僅由五人組成的攝製小組匆匆成立了。

一個星期的拍攝工作結束後，萊妮又開始了整理和剪輯工作，兩個月後的一九三三年十二月初，長達一小時的《信仰的勝利》在首都柏林舉行了隆重的首映式。希特勒及其黨徒無不點頭稱道，而追求完美的萊妮卻對自己的宣傳片處女作不甚滿意，後來聲稱自己再也沒有看過第二遍。

的確，《信仰的勝利》的拍攝時間倉促，條件簡陋，無法進行太多的創新，影片中的主角——希特勒以及納粹高層人物的形象還不是萊妮所希望的那麼完美，有時甚至還有些小小的紕漏、鬧出些小小的笑話，但無論對導演萊妮，還是對「演員」希特勒及其黨徒，這部電影並沒有白拍。對於雙方，它都是一次總排練和總演習，給了他們一次積累經驗、吸取教訓的機會，為一年後的紐倫堡黨代會宣傳片《意志的凱旋》（*Triumph des Willens*）的成功打下了基礎。而身為女導演的萊妮，也令納粹電影部門主管層清一色的男人們刮目相看，以至於後來他們也不得不採取合作的態度。更何況，《信仰的勝利》的政治目的早已達到，萊妮通過攝影機，成功地為希特勒，為納粹黨唱了一曲讚歌。

繼《信仰的勝利》後，雖未入黨的萊妮一發而不可收，成為名副其實的納粹導演。從一九三三到一九三六年，她每年都要拍上一部納粹宣傳片。

一九三四年八月，一年一度的納粹黨代會照例在紐倫堡舉行，因為上一年工作出色，拍攝此次大會宣傳片《意志的凱旋》的「重任」理所當然地再次落到了萊妮的肩上。這一次的工作條件和一年以前不可同日而語：希特勒下令戈培爾及其下屬電影主管部門必須全力相助，不得干預導演的攝製工作。攝製組由一百七十人組成，光攝影師就有十八個，每人配有一名助手。攝製器材和攝影材料應有盡有，攝製經費綽綽有餘，準備的時間也非常充分。

在萊妮周密的組織之下，一部完美的宣傳片誕生了。行家們認為，《意志的凱旋》在攝影和剪輯技術方面為紀錄片提供了範例，萊妮首創的攝影方法在近七十年後的今天仍被普遍使用，影片至今仍被公認為有史以來拍攝最成功的宣傳片之一，許多世界知名的電影學院將它作為學習藝術手法的教材。

戰後，萊妮一再聲稱《意志的凱旋》是一部純紀實影片，它真實地記錄了納粹黨代會的實況，僅此而已，自己没有去添油加醋，也無意為納粹作宣傳，因此不能把它說成是納粹宣傳片。還是那句老話，她關心的是藝術，至於「到底是有關政治還是蔬菜，與我毫不相干」。

但是，《意志的凱旋》終究不是一部有關蔬菜的電影，也不是為哪家公司拍的廣告片，它拍的是納粹黨代會，凸顯的是納粹的力量、希特勒的影響，是為納粹及其黨魁唱頌歌的。這就難怪希特勒的宣傳部長會說：「看過《意志的凱旋》的人們，都永遠不會忘記影片中領袖的面容。它在白天和夢中都注視著他們，並且如同靜靜發光的火焰在他們的心靈裡留下烙印。」

為了產生這樣的效果，萊妮可謂煞費苦心，使用了前所未有的攝製手法。

影片一開始，一架飛機在彩雲中飛翔，那是希特勒的專機，接著，攝影機轉向了希特勒的目光，他透過機窗，仰望天空，又慢慢俯視紐倫堡市。這些富有象徵內涵的鏡頭，常見於故事片，萊妮首次在紀錄片中使用，給觀眾創造了超乎尋常的視覺效果。拍攝希特勒時，萊妮採用低鏡頭攝影，使得原本外表並不出眾的獨裁者看上去像一個高大的英雄人物。為了能從各個角度俯視拍攝，萊妮在粗大的旗杆上裝置一台升降機。她還在黨代會召開之前讓攝影師練習滑冰，在拍攝過程中，他們穿著溜冰鞋自由而又及時地控制遠近，嫻熟地攝影，這樣，片中的鏡頭就不那麼呆板、單一。在這之前，有人曾在故事片裡使用過這一手法，萊妮第一次大膽地在紀錄片中採用，起到了意想不到的效果。影片還配上了德國十九世紀著名音樂大師、希特勒最喜愛的作曲家瓦格納譜寫的音樂。

拍攝完成後，萊妮在長達十三萬米的膠捲中精心選出三千米剪輯整理成兩個小時的電影。她仍然保持認真的工作態度，精益求精，力求完美。她認為在現場拍得不太成功而又非常重要的鏡頭，在黨代會結束後，又把納粹上層人物拉到攝影棚裡，再現大會「盛況」。「演員們」也都配合默契，在沒有觀眾的攝影機前，就像面對眾多的黨代表，或若有所思，或慷慨激昂，演技非同一般。

其實，在紐倫堡的歷屆黨代會上，他們又何嘗不在演戲呢？

納粹黨代會開了六天，《意志的凱旋》拍了六天，但萊妮為剪輯卻花了三個多月時間。據她自述，在這三個月時間裡，她幾乎與世隔絕，每天工作長達十五個小時，傾注了大量的精力和心血，到最後，她精疲力竭。一九三五年三月，在看完此片的首映式後，她因為過度勞累，虛弱至極，在電影院裡暈了過去。

但是，影片的成功對導演來說也是始料未及。在《回憶錄》中，她這樣描寫觀看首映式時的情景：「我幾乎一直閉著眼睛，耳邊傳來的掌聲越來越頻繁。電影結束後，掌聲經久不息。」影片不僅獲得納粹德國一九三五年度的「國家電影獎」，而且於一九三七年在法國奪得金獎。為此，女導演戰後一再強調，《意志的凱旋》是一部純紀錄片，而不是人們所譴責的納粹宣傳片，不然法國人又何以為之頒獎？這當然是狡辯。不管是有心還是無意，電影通過各種攝影手段和獨特的剪輯技巧，比黨代會本身更具迷惑力、更具欺騙性，涉及的面也更廣，因此，它是一部地地道道的納粹宣傳片。但是，毋庸置疑，萊妮因其在此片中攝影和剪輯上的獨特和創新，使她在電影史上占據了一席重要之地。

《意志的凱旋》對於希特勒和納粹政權無疑也是宣傳的勝利。在德國，有兩千多萬人觀看了此片，可以想見，對許多不明真相或搖擺不定的人，影片的影響是巨大的。

稍事修正後，一九三五年十一月萊妮又趕到紐倫堡納粹黨代會現場，開始拍攝第三部納粹宣傳片，片名為《自由之日》（*Tag der Freiheit*），片長不到三十分鐘。據萊妮自己回憶，這是兑現拍完上一部電影後在希特勒那裡許下的諾言。當時無法將有關納粹軍隊的內容放入《意志的凱旋》，那些司令、將軍們很有意見，告到了希特勒那裡。無奈之下，女導演想了這麼個主意，這一回專門拍攝重新實施義務兵役制後不久的納粹軍隊。當時，希特勒已在加緊策劃進一步迫害猶太人，並為侵略擴張積極準備。《自由之日》無疑再一次為大獨裁者及其軍隊作了頗有影響力的宣傳。

至於首映式上人們對《自由之日》的反映，在萊妮眼裡和自己拍的前兩部納粹宣傳片没有什麼兩樣。她在《回憶錄》中寫道，希特勒特意請了兩百多位知名人士出席首映式，其中不乏趾高氣揚的司令、將軍以及他們的太太們。而她卻姗姗來遲，久等的觀眾怒不可遏，一開始就没給她好臉色看，即使是一向庇護她的希特勒也氣得臉色發青。但是，電影結束，「燈再一次亮起來的時候，我體驗到了勝利。人們跟我握手、和我擁抱，萊妮長，萊妮短，他們歡欣鼓舞，希特勒也高興地走到我身邊向我表示祝賀。」

一九三六年夏天，舉世矚目的奧林匹克運動會在德國首都柏林拉開了序幕。國際奧會早在希特勒上台之前的一九三一年就已決定五年後的第十一屆奧運會由德國舉辦。為了欺騙和迷惑來自世界各地的運動員和觀眾，在奧運會舉行之前，希特勒下令暫時摘下所有的反猶標語，暫停印發反猶報紙和雜誌。

與此同時，國際和德國奧會也在為拍攝一部反映此次奧運會的影片尋找合適的人選。他們想到了萊妮。

萊妮確實是最合適的人選。這是因為她本人非常樂意拍攝這樣的影片，而且她還具備十分有利的條件。一方面，在拍完《信仰的勝利》、《意志的凱旋》和《自由之日》後，萊妮已積累了拍攝此類影片豐富的經驗，事實證明她做得相當出色完美；另一方面，萊妮本人從小就對運動抱有濃厚的興趣，對眾多體育項目非常熟悉。溜冰和網球都是她的強項，拍完對體力和運動要求都極高的「雪山電影」後，她更成了名副其實的運動員。正因為此，德國乃至國際奧會將拍攝奧運會的重任交給萊妮也就不足為奇了。

在《意志的凱旋》的基礎上，萊妮在攝影方法和技巧方面又有了進一步的改進和創新。那時電影攝製的輔助工具遠不如現在那麼先進和多樣化，為了能夠從各個角度抓拍鏡頭，導演和她的攝影師們煞費苦心，想出了不少新招法：在當時還沒有直升飛機的情況下，他們將一台小型攝影機綁在氣球上，任其向上飛翔，這樣就拍出了鳥瞰比賽現場的盛況；他們發明了一台會「走路」的攝影機，跟在運動員身邊拍攝跑步的緊張場面；他們還第一次將攝影機搬到了水底，這樣，電影觀眾不僅領略了跳水運動員在半空中美妙多姿的旋轉和滾翻，同時也第一次目睹了他們跳入水中以後的情景。

奧運會結束時，萊妮的攝影師們用完了四十萬米的攝影膠捲，接下來的工作比拍攝更為艱鉅複雜，那就是整理剪輯。萊妮帶著幾名助手，夜以繼日地工作，投入了全部的精力。他們先挑出十萬米的膠捲，最終剪輯成《各國人民的節日》和《美的節日》兩集奧運會電影⑨。剪輯工作長達近兩年時間。

影片的首映式最後定在一九三八年四月二十日，選擇這個日期似乎有其特殊的用意：這一天是希特勒四十九歲生日。萊妮是否想把電影視為奉送給「領袖」的生日禮物？對於這一點我們只能猜測，如今已經無法找到確鑿的史料。

---

⑨全片名《奧林匹克》（*Olympia*），Leni Riefenstahl 一九三八年執導。第一部分為：《各國人民的節日》（*Fest der Völker*），第二部分為：《美的節日》（*Fest der Schönheit*）。——編按

有一點卻可以肯定，對於導演而言，近兩年圍繞著這兩集奧運會電影的攝製和剪輯所付出的努力是值得的，因為它換來的又是一片掌聲和讚美聲。納粹宣傳部長戈培爾談到萊妮的這兩集電影時說：「到處聽到無限制的稱讚」。為此，他特地撥出十萬馬克作為給萊妮的獎賞。

《各國人民的節日》和《美的節日》在德國放映後，導演又帶著電影拷貝在歐洲的國際大都市巡迴放映。從奧地利的維也納、義大利的羅馬到法國的巴黎、比利時的布魯塞爾，從丹麥的哥本哈根、瑞典的斯德哥爾摩到芬蘭的赫爾辛基、挪威的奧斯陸，都留下了萊妮的身影和足跡。

一九三八年十一月，萊妮又馬不停蹄，帶著這兩集電影漂洋過海，來到了美利堅合眾國。出人意料的是，影片及其導演在那裡遭到了前所未有的冷遇。原因是在此之前的十一月九日，德國發生了二戰爆發之前最嚴重的一次迫害猶太人事件⑩。在這次由納粹掀起的大規模反猶活動中，有兩百多座猶太教堂被焚燒，七千多家商店櫥窗被砸毀，財物遭掠劫，近百名猶太人被打死，數千名猶太人受傷，兩萬五千名猶太人被捕後關進集中營。事發後，引起國際公憤，美國正義人士也對這一暴行加以譴責。

對於美國人所譴責的反猶排猶暴行，萊妮一再表示自己一無所知。

十一月九日發生的事件萊妮事先當然無法得知，那時候，她搭乘的開往美洲大陸的客輪還在漫無邊際的大海上漂行。但是，如果說她對希特勒迫害猶太人這一事實不很清楚，那就難以令人置信了。在此之前，反猶排猶的規模相對來說還比較小，但納粹的反猶思想和排猶行徑盡人皆知，更何況萊妮的不少電影界猶太朋友在希特勒上台後陸續被迫流亡國外，這一點她比誰都清楚。因此，萊妮聲稱自己拼命工作，很少讀報，也不聽廣播，所以對納粹暴行知之甚少似乎很難站得住腳。

直到現在，萊妮的這兩集奧運會電影被公認為開創了體育報導片的里程碑，後來影片還獲得國際奧會頒發的金獎。功勞不僅在於攝影技術和攝影角度方面獨創新意，更因為導演對影片前所未有的總體構思和令人耳目一新的剪輯手法。在藝術表現上，奧運片比《意志的凱旋》更加完美。

後來，人們在驚歎影片藝術上的巨大成功的同時，也毫無例外地將它們定性為納粹

⑩指一九三八年十一月九日的水晶之夜（Kristallnacht）。十一月七日，納粹德國駐法國大使館秘書Ernst vom Rath被波蘭裔猶太青年葛林斯班（Herschel Grynszpan）殺死。十一月九、十日兩夜，在柏林和德國全國，納粹當局策動反猶活動，製造了全國性的反猶暴行，因被暴徒們砸毀的猶太人商店的玻璃碎片遍布各地，人們又稱此事件爲「水晶之夜」。——編按

宣傳片。

對此，萊妮在戰後表示抗議，她一再強調，這兩集有關奧運會的電影是德國和國際奧會交給「萊妮・里芬施塔爾電影公司」（Leni Riefnstahl Filmstudio）的任務，和納粹政府無關。

但是，有一個重要事實是這位女導演所無法規避的，那就是納粹的宣傳部門為此片撥出帝國馬克（Reichsmark）一百五十萬鉅資，這在紀錄片史上恐怕還是頭一回。這還不夠，無論在體育場的拍攝場地還是在攝影位置方面，納粹政府都為其大開綠燈。根據萊妮《回憶錄》的描述，很多事情她都通過和「領袖」的特殊關係，由希特勒特批。為了拍攝的需要，他們可以擋住觀眾的視線；為了從各個角度拍攝，他們可以在體育場內挖上一個個小坑，讓攝影師及其助手蹲在裡面，據說當年的全能冠軍美國黑人歐文斯（Jesse Owens）在百米衝刺後差點掉入這樣的「陷阱」。這些特權，別的攝製組是無法擁有的。遇到和萊妮爭奪地盤的時候，他們只能忍氣吞聲，躲得遠遠的，不然，這位女導演就會以取消他們的攝製權相要脅。

人們指責《各國人民的節日》和《美的節日》事實上是納粹宣傳片的另一原因，在於當時納粹反猶排猶已相當猖獗，歐洲各國的正義人士對此也有所警覺。而萊妮所拍的奧運片展示的卻是和事實相反的另一表象：希特勒及其納粹黨徒頗有人情味，和其他觀眾一樣，在看台上緊張地觀看比賽，他們似乎注重體育精神，弘揚人與人之間的友誼，比賽場上沒有膚色、人種之分。影片在渲染美的同時，給人們製造了納粹政權喜愛體育、愛好和平的假象，起到了蠱惑人心的作用。在歐洲各國，人們在看完了面帶甜美微笑的納粹使者萊妮帶來的不可多得的視覺享受以後，無論如何也不會料想到，嗜血成性的希特勒在加緊迫害猶太人的同時，也在為發動全球大戰作準備。

果然，就在翌年九月一日，納粹軍隊攻打波蘭，震驚世界的第二次世界大戰全面爆發。年近不惑的萊妮對第一次世界大戰及其所帶來的災難仍記憶猶新，因此，她對希特勒的此番舉動疑惑不解。她在《回憶錄》中寫道：「希特勒向波蘭宣戰對我來說簡直不可思議。」

然而令人費解的是，二戰剛剛爆發，萊妮就顯露出積極的態度，表示願意為侵略者效勞。她先是考慮是否接受護士訓練，這樣可以上前線搶救傷員；最後，她決定盡其所能，帶上幾個攝影師和錄音師組成一支拍攝隊伍，充當戰地記者。由於萊妮的積極爭取，她的願望很快得以實現，一個星期後的九月八日，攝製組東進波蘭。

在波蘭戰區，萊妮和她的攝製組在槍林彈雨中死裡逃生，目睹了一幕慘劇：三十多名波蘭無辜百姓慘死在納粹官兵的槍彈之下。

對此，女導演聲稱自己深感震驚和氣憤，她決定放棄拍攝、打道回府。在離開波蘭之前，卻又遇到她的欣賞者希特勒來到但澤（Danzig，現稱格但斯克Gdansk），於是，她和「領袖」以及百名德國軍官一起共進午餐，聆聽希特勒的講話，並且帶著攝製組拍下了希特勒檢閱軍隊的場面。

見到希特勒的時候，萊妮恐怕已經忘記了自己幾天前親眼目睹的慘劇。她的震驚源於戰爭的殘酷，她的憤慨僅僅面對開槍的官兵，而不是這場戰爭的總策劃和總指揮希特勒。

一九四〇年五月，西部戰線的炮聲打響了。納粹軍隊以飛快的速度拿下了荷蘭、比利時和盧森堡，緊接著，巴黎陷落，法國也宣布投降。這期間，萊妮和忙於戰事的希特勒幾乎中斷了聯繫，不過德軍的勝利又給了她和自己的崇拜者帶來了保持聯繫的機會。

這一回，萊妮無法像戰前那樣登門造訪。她給希特勒發了賀電：

> 我們懷著難以形容的快樂、激動和深深的感激之情，和您，我的領袖，一起看到德國軍隊挺進巴黎，這是您和德國最大的勝利。您完成的事業在人類歷史上獨一

無二，超出了人們的想像。我們如何才能向您表達感激之情呢？說一聲祝賀遠遠不足以向您表述我的激動的心情。

在這裡，萊妮對希特勒用盡了阿諛奉承之詞。事實上，雖然他們後來見面的機會越來越少，但希特勒及其黨徒並沒有忘記這位出色地為他們充當宣傳工具、替他們歌功頌德的有功之臣。他們在柏林劃出地皮兩萬多平方米，準備由國家掏出鉅資建造「萊妮・里芬施塔爾電影區」。規劃中的「電影區」內不僅有攝影棚、剪輯室，還有員工食堂、萊妮的私人房間。最後，因為這場戰爭並以德國戰敗告終，早已設計妥當的「電影區」就只能化為泡影。這是後話。

親眼目睹戰爭殘酷的萊妮放棄戰地記者身份後，決定重操舊業，自導自演故事片，希望能夠再次拍攝出像《藍光》那樣的成功之作。

早在一九三四年，萊妮就打算拍攝一部名為《低地》（*Tiefland*）的故事片。影片源於同名歌劇，而歌劇則是根據西班牙古老的民間戲劇改編的。《低地》講述這樣一個故事：在西班牙山區高地，居住著一位善良的牧羊人，而在低地，則有一個兇狠的暴君。兩人同時愛上了一個名叫瑪爾塔（Marta）的舞蹈演員。最後善良戰勝了邪惡。

和在《藍光》中一樣，萊妮不僅擔當導演，而且準備出任女主角瑪爾塔，她選定了電影中的各個角色，便帶著攝影人馬向西班牙進發。在西班牙，困難接踵而來：不是德國方面食言沒有按時寄錢過去，就是燈光照明沒有到位，或是攝製組的其他成員姍姍來遲。萊妮在失望和焦急中，昏了過去，在醫院一住就是好幾個星期。《低地》的拍攝就此擱淺。此後，由於她緊張地投入到拍攝、剪輯《意志的凱旋》以及奧運會影片《各國人民的節日》、《美的節日》之中，所以拍攝《低地》已被她置諸腦後。直至一九四〇年，決定放棄戰地記者身份的萊妮在無所事事的情況下，又想到了自己幾年前未能開機的這部電影。

但是，這次拍攝比六年前更顯得忙亂：萊妮決定仍由自己出任電影中的女主角瑪爾塔，希望有自己的戲時由另一位導演講戲。為此，她請來以前曾一起合作過的一位著名導演。但不是因為他有其他任務騰不出時間，就是她對他表示不滿，認為他今不如昔，最後兩人不歡而散。而事實上，萊妮出演女主角也是一大敗筆。當時她已年近四十，疾病纏身，比平時顯得更為衰老。而瑪爾塔卻是個二十歲出頭的年輕姑娘，和她演對手戲的男演員只有二十三歲，這樣，無論化妝師的技術多高、燈光照明如何巧妙，都無法遮掩這一巨大的反差。

這還不算。影片中需要一隻狼。攝製組化了九牛二虎之力，多方尋找，可是，找來的或是乘人不備逃之夭夭而不得不被槍殺，或是太貪食而噎死，最後好不容易才找到一頭令人滿意的狼。

更讓女導演傷透腦筋的是，由於這場戰爭，影片無法在故事發生地西班牙實地拍攝，只能在德國南部的巴伐利亞州找了個村子。為了使影片逼真可信，具有西班牙風格，萊妮不惜花費鉅資，將村子改建一新。

可是，她為《低地》付出的努力最終卻沒有得到預想的效果。影片拍攝花了好幾年時間，到二十世紀五〇年代才得以首映。觀眾看後，反應平平，電影評論家們更是冷嘲熱諷。從藝術水平來看，《低地》是這位成功的女導演拍攝的最不成功的一部電影。就是萊妮自己，也對影片極不滿意。她在觀看首映式時的感受與那幾部納粹宣傳片迥然不同：「電影越是放映到後面，我的疑慮就越重。我感覺到，題材和風格已落後於時代了……每每看到銀幕上的自己，我就忐忑不安，毫無疑問，我不該演這個角色。我怎麼會犯這樣的錯誤呢？」

更令萊妮始料未及的是，戰後人們對她在第三帝國時期拍攝的影片批評指責最多的，不是《信仰的勝利》、《意志的凱旋》，也不是《各國人民的節日》和《美的節日》這幾部政治味很濃的納粹宣傳片，而是影片內容和希特勒及其政權風馬牛不相及的《低地》。其中的原因在於導演啟用的群眾演員。

前面已經提到，由於這場戰爭，《低地》攝製組無法去西班牙實地拍攝；由於同樣的原因，攝製組也無法從西班牙招聘群眾演員。做事一貫認真的女導演要求群眾演員形象逼真，於是，她想到了和影片人物氣質、長相相似的吉卜賽人。希特勒上台後，這些人已被陸續投入專門關押吉卜賽人的集中營，萊妮就在那裡找到了滿意的群眾演員，共六十餘名。一位倖存者回憶道：「我們都在集中營裡。她和員警一起來挑選。我也在內，還有很多她需要的年輕人。」

在攝製組，萊妮沒有虐待吉卜賽人。雖然這些人有專人看守，無法自由行動，也沒有得到演出報酬，但他們仍然慶幸自己被攝製組選中。畢竟，他們當「演員」不必忍饑受凍，可以飽食三餐，居住條件也和集中營有著天壤之別。

《低地》拍攝完成後，這些吉卜賽人幾乎無一例外地被關進奧斯維辛集中營，絕大多數慘死其中。戰後，有人指責萊妮當初清楚地知道這一點而沒有加以阻攔。這一指責是否成立已經很難考證。根據許多當事人回憶，一九四一年時只有很少一部分人知道奧斯維辛集中營的存在，萊妮對此很有可能一無所知。此外，即便女導演什麼都知道，人們對她只能在道義上加以譴責，她不是納粹分子，也不是屠殺吉卜賽人的劊子手。

另一爭論的焦點是萊妮當時是否親自前往關押吉卜賽人的集中營招募群眾演員。女導演本人發誓是自己的助手完成了這項任務，自己從未去過那裡；而倖存者的回憶卻與之有很大出入。其實，到底誰去的集中營也無關緊要。即便沒有自己去選人，她也無法回避啟用被關押的吉卜賽人這一事實。

另有一個事實必須澄清。萊妮在回憶那段歷史時寫道：「那些吉卜賽人無論是大人還是孩子，都是我們喜愛的人，戰後我們幾乎見到了所有的人。他們說，和我們在一起工作的那段時間是他們一生中最美好的時光。沒有人強迫他們說這樣的話。」事實上，這六十多名吉卜賽人生還者寥寥無幾。

納粹時期，萊妮除了夜以繼日地工作，個人生活方面也有過幾次短暫的戀愛經歷。她中意的男人，相繼有登山運動員、一九三六年奧運會十項全能冠軍、電影演員等。一九四〇年，她在拍攝《低地》時和一個名叫雅各（Peter Jacob）的山地步兵軍官相識。雅各雖不是名人，但卻是個「勇猛」的士兵，曾獲得騎士十字勳章。兩人一見鍾情，對方炙熱的愛使萊妮感受到以往從未有過的感情衝擊。在雅各重返前線後，兩人鴻雁往來不斷，萊妮在《回憶錄》裡，大段摘錄雅各寫給自己的情書。除了思念的痛苦，雅各還在信中詳細描述了戰爭的殘酷。他的同伴們大都戰亡，而他竟奇蹟般地九死一生。萊妮和雅各離多聚少，分離的時候相互思念，相聚的時候又爭吵不休。更令萊妮傷心和無法忍受的是，男友有時會對自己不忠。

儘管如此，一九四四年他們還是結為夫妻。聽到自己欣賞的女導演結婚的消息，希特勒給她寄去賀信、送去花籃。他還在三年未見萊妮的情況下，請新婚夫婦去總理府作客。根據萊妮回憶，在會面的一個多小時裡，希特勒始終一人長篇獨白，他大談戰後如何重建德國、重振藝術；他說起墨索里尼和法西斯義大利；他咬牙切齒地大罵向德國宣戰的英國。令萊妮感到驚訝的是，希特勒沒有正眼看一下她的新婚丈夫，也沒有詢問他在哪個部隊為自己效勞。

是希特勒仍偷偷地愛著自己的這個才華橫溢又為他大唱讚歌的女導演，而將她的丈夫視為「情敵」，還是他預料末日將臨，已無心與人敷衍？對於這一點，如今我們已經無法揣摩他當時的心態了。

這是納粹最終走向滅亡前一年的一九四四年三月，也是萊妮和崇拜欣賞自己的希特勒最後一次會面。

萊妮和丈夫在一起的時間不長。戰後第三年，兩人正式離婚。這也是萊妮唯一的一次婚姻。

第二次世界大戰結束後，萊妮幾次被關押審訊，最後被定為「追隨者」。

戰後，萊妮雖然多次有過拍電影的想法，但最後都沒有成功。對此她頗有怨言，歸咎於人們對自己的刁難，也遺憾自己缺乏資金。二十世紀六十至七〇年代，她多次來到蘇丹的原始部落奴巴族所在地，攝下了許多鮮為人知的鏡頭。回到德國後，她帶著有關奴巴族的幻燈片在幾個城市巡迴放映，並作報告，獲得了一片讚美之聲。她還應邀帶著照片遠渡重洋，來到美國，同樣得到好評。由這些照片編成的《奴巴攝影集》（*Die Nuba*）相繼出版。二〇〇〇年，萊妮以九十八歲的高齡最後一次踏上了奴巴土地。與此同時，除了《意志的凱旋》以外，萊妮過去導演或主演的電影也重新放映。

七〇年代初，年逾古稀的萊妮再次作出驚人之舉：她來到非洲的肯亞（Kenya），在那裡的一所德國潛水學校和一群二十歲出頭的少男少女們一起學習潛水，並通過了考試。這樣，一張張海底世界的照片又一次轟動了世界，也使萊妮再一次成為人們關注的中心。二〇〇二年，就在百歲生日前夕，她完成了有關海底世界的電影《水下印象》（*Impressionen unter Wasser*）。

萊妮・里芬施塔爾是一個不同尋常的女性。她在男人占據主導地位的世界裡，無所畏懼，在一生從事的五項藝術事業中，有過不少驚人之舉，獲得了巨大的成功。但是，在讚歎她的藝術天分和勤奮刻苦的同時，人們不能不提醒她思考藝術家的良心和責任，不能不指責她對納粹強權的追隨，不能不譴責她戰後推卸責任、顛倒是非的頑固態度。沒有對歷史的反省，歷史的悲劇很有可能會再次重演。

7

最後的貼身女秘書

特勞德爾・容格

納粹政權行將覆亡之際，
芳年二十五的特勞德・容格，
作爲希特勒最年輕也是最後的一個秘書，
在希特勒身邊工作了整整兩年半，直到最後一刻。

Traudl Junge
1920-2002

一九四五年四月三十日，希特勒在總理府地下避彈室自殺身亡。在此之前，大多數納粹要員和工作人員都離開柏林，向南部逃竄，與希特勒一起留在避彈室裡的人已為數不多。他們當中，有一位名叫特勞德爾・容格（Traudl Junge）的女子，芳年二十五。她是希特勒最年輕也是最後的一個秘書，在殺人魔王身邊工作了整整兩年半，直到最後一刻，還在希特勒走向死亡的前一個晚上，為他記錄、列印了「政治」遺囑和私人遺囑。在希特勒自殺後的第二天，特勞德爾才離開地下避彈室，走出這魔鬼之穴。戰後，她被關進監獄，受到審訊。一九四七年，特勞德爾被法庭免除罪責。同年，她將自己在希特勒身邊的所見所聞訴諸文字，回憶中沒有太多的思考，也缺乏深刻的反省。當時，對她的回憶錄感興趣的人寥寥無幾。二〇〇二年，在第三帝國和納粹暴行再一次成為熱門話題以後，年過八旬的特勞德爾決定出版回憶錄，書名為《直到最後一刻——希特勒的女秘書敘述自己的生平》（*Bis zur letzten Stunde: Hitlers Sekretärin erzählt ihr Leben*），書中附有奧地利青年女作家梅莉莎・米勒（Melissa Müller）撰寫的有關五〇年代以後特勞德爾思考、反省詳細過程的文字。這本書不僅在德國的暢銷書排行榜上有名，而且被翻譯成多種文字。

那麼，特勞德爾怎麼會成為希特勒的秘書？她當時在希特勒身邊的感受如何？又是什麼促使她在五〇年代以後思考、反省的？

二十世紀二〇年代伊始，第一次世界大戰剛剛結束一年有餘，德國經濟百孔千瘡，民眾生活苦不堪言，失業人口急劇上升，商店的貨架上空空如也，許多人食不果腹，無家可歸，流落街頭。而德國的政治局勢極其混亂，大小黨派此起彼伏。在南部巴伐利亞州的大都市慕尼黑，極右勢力尤為猖獗。希特勒乘機拉起了納粹黨，聲稱面向「受苦受難的大眾」，並打起了反猶和排外的旗號。

特勞德爾就出生在這多事的年頭。

一九二〇年三月十六日，她降生在慕尼黑。父親馬克斯・胡姆普斯（Max Humps）是個釀酒師；母親希爾德加德（Hildegard Humps）則是將門之女，她和當時大多數女人一樣，在家操持家務。就在長女特勞德爾出生後不久，馬克斯和許多人一樣失去了工作，本來就不怎麼顧家的他此時成天遊手好閒、無所事事。妻子只能帶著年幼的女兒依靠自己的父母生活。

就在這時，馬克斯一頭栽進了一個名叫「高地志願軍」（Freikorps Oberland）的右派軍事團體。這個團體的成員大都是失業者，他們面對蕭條景象深感失望，他們手持刀槍、身掛勳章，滿腦子的極端民族主義思想，他們反對共和國，排斥猶太人，歧視婦女。後來「高地志願軍」被禁，便改頭換面，成了「高地聯盟」（Bund Oberland），最終和納粹黨的武裝隊伍聯合，加入了希特勒為首的「德意志戰鬥聯盟」（Deutscher Kampfbund）。

一九二三年十一月，希特勒率領「德意志戰鬥聯盟」發動政變，馬克斯想必是希特勒旗旄下一名衝鋒陷陣的「勇士」，不然，他不會獲得納粹黨的「熱血勳章」。為此，這個原本一無所成的人著實自鳴得意了一番。政變失敗後，希特勒啷噹入獄，馬克斯則逃之夭夭。他戰鬥「勇猛」，但畢竟是個無名小卒，無足輕重，還夠不上戴手銬、坐牢獄的份兒。

就在特勞德爾的父親為希特勒出生入死的時候，她的母親已身懷六甲。政變失敗後不久，妹妹英格（Inge Humps）來到了人間。家中的境遇每況愈下，常常揭不開鍋來。就這樣又過了兩年。一九二五年，特勞德爾在艱難的處境中度過了五歲生日。此時，馬克斯得到了一次就業機會：位於亞洲西部、地跨歐亞兩洲的土耳其為了引進歐洲的技術，開始在德國招兵買馬。馬克斯應聘千里迢迢來到這個穆斯林國家，重操舊業，當起了釀酒師。

照理，有了這麼一份固定工作，家境便會慢慢好起來，特勞德爾和母親、妹妹也可以過上安穩的日子了。但是，當父親的自由自在慣了，並不想拖兒帶女，因此把妻子女兒留在了慕尼黑。這樣，本已不太和諧的夫妻關係雪上加霜，母親一氣之下向父親提出離婚。可這樣一個沒有工作、沒有收入的女人如何養家糊口？她只能帶著兩個年幼的女兒投靠父母。然而，特勞德爾和母親、妹妹的境遇並沒有因此得到好轉。他們可能一時不必為生計發愁，但也只是填飽肚子而已。寄人籬下的日子並不好過，當過將軍的外祖父非常專制，姐妹倆在他面前不敢大聲說笑。他不僅對外孫女管束嚴厲，而且每時每刻都讓女兒感覺到自己在依靠父親，使希爾德加德只能聽憑他的擺佈。一九三〇年，十歲的特勞德爾小學畢業，在慕尼黑的一所女子中學繼續求學，不得不由於家境貧寒而申請減免學費；當學校有什麼春遊之類的活動時，也只能因交不起費用而託病在家。

儘管如此，特勞德爾總的來說是個快樂無憂的女孩，她喜歡去學校和同學們玩耍，喜歡小狗小貓，喜歡大自然。在不知不覺之中，她長到了十三歲。

此時正是一九三三年。

這一年，納粹黨在大選中獲勝，希特勒當上了德國總理。這一轉變的後果人們當時還無法預料，鄰國袖手觀望，拭目以待，而大多數德國人則對希特勒的煽動、許諾信以為真，滿心期待著「領袖」有朝一日能夠改變德國戰後的蕭條和停滯，同時改變自己貧困潦倒的生活。

這一年，特勞德爾父母的生活有了變化。納粹上台前夕，他們正式離婚，孩子自然判給了母親，但母女依然兩手空空，不得向馬克斯索取分文。而這個在土耳其混得不錯的釀酒師呢，在聽說納粹奪權後，便草草地打點行裝，迫不及待地返回德國，為的是替納粹效勞出力。也許是看在他曾為希特勒出生入死的份上，馬克斯很快在慕尼黑的納粹黨總部找到了一份差事，得意地向兩個女兒炫耀，還邀她們去他的辦公室玩。特勞德爾對此雖然流露出不屑的態度，但她出於好奇，還是接受了父親的邀請。這是她第一次來到納粹的老巢。特勞德爾萬萬沒有料到的是，自己竟在十年後去了納粹在柏林的總理府。這一回，她不是去看望沾沾自喜的父親，而是在希特勒的眼皮底下工作，這些當然是後話了。

這一年，特勞德爾自己的生活也有所變化——在妹妹英格的影響下，她愛上了舞蹈。妹妹有個女友，此人家境優裕，父親是寶馬汽車公司的律師，有能力供女兒學習舞蹈。他們發現英格很有舞蹈天賦，便同時為她報了名。當妹妹和女友在舞蹈學校學習的時候，特勞德爾便緊緊地貼在玻璃門上細細觀看，生怕漏掉老師哪怕是極其細微的一個小動作，回家以後一遍又一遍地揣摩、練習，樂此不疲。三年後，英格的女友突然隨父母流亡美國，姐妹倆這才知道，她們的朋友一家原來是猶太人。

這時，尚未成年的特勞德爾並沒有因此對納粹政權產生懷疑。相反，在朋友一家流亡前的一九三五年，她就和大多數「純種」雅利安少女們一樣，加入了「德意志女子聯盟」（Bund Deutscher Mädel）。在以後的幾年裡，她和同伴們醉心於女子聯盟的各種集會和活動，跟著高喊口號、唱歌跳舞。而納粹則希望隊員們「無條件地相信德國、相信領袖，希望她們有朝一日將此信仰灌輸給她們的子女。這樣，納粹主義乃至德國將會永世長存。」

納粹的宣傳頗有成效。特勞德爾雖然對納粹的某些做法表示不滿，雖然對他們迫害猶太人的行徑不是一無所知，但她和大部分德國人一樣，最多將其歸咎於某個納粹部門，歸咎於某個納粹黨徒，卻很少對這些事作進一步的思考，更沒有對希特勒及其暴政提出質疑。她照樣每天去學校上課，放學後則潛心學習舞蹈，希望能夠成為職業舞蹈演員。

當然，也有少數德國人對希特勒嗤之以鼻，特勞德爾的母親就是其中的一個。她對希特勒甚至到了憎恨的地步，但這並不是因為她看透了納粹的虛假面目，認清了他們的真實用心，而是完全出於私憤：早在一九二三年丈夫追隨納粹參加政變之時，她就把希特勒看作是自己婚姻失敗的罪魁禍首。為此，特勞德爾還為希特勒打抱不平，認為母親冤枉好人。

一九三六年，特勞德爾中學畢業。身為老大的她深知自己必須擔當起養家糊口的重任，不得不上了一年商業學校，學習打字、速記、簿記，她找了份工作，又換了份工作。專業倒是相當對口，無非是當個助理或是秘書。這些工作她都很稱職，感到輕鬆自如，但卻心不在焉，因為跳舞才是她鍾愛的終生事業。特勞德爾的想法非常簡單：先暫時找一份工作安定下來，下班以後照樣可以練習舞蹈，等舞蹈考試結束後就可以離開令她生厭的打字機，像妹妹那樣遠走高飛，到大都市柏林開始藝術生涯。

一九三九年九月，德國攻打波蘭，第二次世界大戰全面爆發。特勞德爾和許多人一樣，希望戰爭儘早結束，但她的生活並沒有受到太大的影響，她依然每天上班，每天練舞，做著舞蹈家的美夢。

一九四一年的一個炎炎夏日，特勞德爾等待已久的那一天終於到來了。她心情緊張地在嚴厲的考官面前出色地完成了獨舞《祈禱》，通過了考試。

二十歲剛剛出頭的特勞德爾滿心歡喜，自以為大功告成，可以一走了之，到柏林大展鴻圖。

可是，事情並沒有她想像的那麼簡單，當時秘書緊缺，她這一走，公司很難找到合適的人選。根據希特勒制定的戰時法律，公司有權不讓她離開。她的老闆利用這一點，將她「扣留」下來，使她無法實現自己成為舞蹈演員的理想。

特勞德爾雖然風華正茂，人生之路還很漫長，但是，藝術生命是短暫的，耽誤不得。她憤憤不平，發誓要不惜一切代價，離開這個葬送自己遠大前程的鬼地方，哪怕不跳舞也無關緊要。

這時她的妹妹早已登上柏林的舞台，展示其舞姿。妹妹有個同伴正好和希特勒的「領袖辦公室」主任沾親帶故，便通過他開了個後門，由希特勒辦公室向特勞德爾所在的慕尼黑的公司下調令。這一招很靈，老闆只好放人。

特勞德爾終於如願以償。她離開了公司，離開了慕尼黑，來到柏林。但是她並沒有機會獻身舞蹈藝術，也沒有擺脫令她厭煩的打字和速記。她離開了阻礙自己前程的公司老闆，卻一腳踏進了真正的魔窟，當上了希特勒的秘書。為此，她一輩子都背負著精神的十字架，承受著良心的譴責。特勞德爾曾說：「要是我當初不想當舞蹈家的話，也許永遠不會成為希特勒的秘書。」

一九四二年早春的一天，特勞德爾在興奮和茫然之中走進了龐大的帝國總理府。

她被安排在「領袖辦公室」從事事務性工作。任務無非是處理給希特勒的信件，將其分門別類，轉交有關部門。此時的她是否安於現狀，是否仍惦念著舞蹈、惦記著自己的藝術前程，這一點特勞德爾在戰後撰寫的回憶錄中沒有提起。但是可以想見，她對新環境的好奇心是強烈的；況且，人家千里迢迢把她從慕尼黑調來，豈有一走了之的道理；再者，誰也無法預料在總理辦公室提出離職的後果，也許會丟掉工作，舞也甭想跳成。

沒過多久，「領袖辦公室」裡議論紛紛，傳來了希特勒將要選招一名女秘書的消息。希特勒原有三個秘書，其中最年輕的一個因為結婚成家而離職，剩下兩個年齡較大的，已為希特勒效力多年。如今再招一個年輕的，以補充力量。為此，專門舉辦了打字比賽，選出前十名，再由希特勒挑選。對許多人來說，這是難得的美差，求之不得，但根據特勞德爾的回憶，她本人對此沒有絲毫興趣，原因是她覺得自己不適宜當希特勒的秘書，也沒有這份虛榮心。

也許正因為特勞德爾不計得失，沒有思想負擔，她在一次次的篩選比賽中輕鬆自如，竟然過五關、斬六將，躋身前十名。於是，一九四二年十一月，在來到柏林半年多以後，她和其他九名「中榜」的秘書一起，乘上東去的列車，向領袖駐地徐徐進發。

她們所去的領袖駐地地處東普魯士，名為「狼穴」（Wolfsschanze），掩隱在茂密的森林之中，是希特勒戰時藏身之處。待選的秘書們一到，就被安排在希特勒專列裡休息睡覺。專列停靠在駐地周邊，每人分得一個單獨的包廂，別看包廂狹小，但裡面應有盡有，就像一家縮小了的豪華飯店：臨窗有一張小桌，桌上放著一盞漂亮的枱燈；精緻的小床邊鑲著一盞燈光柔和的壁燈、一部電話；小床白天可以翻成沙發，再套上真絲沙發套，頓顯考究入時。包廂四壁鑲著特質木頭，一角伸出個小巧的洗手池，一天二十四小時都有冷熱水；想吃點喝點什麼，可以去餐車，那裡有專人招待。

特勞德爾及其女伴們盡情地享受專列裡的豪華，好奇地在風景如畫的森林中遛達漫步，如同走進了世外桃源，竟一時忘卻了外界的物資短缺，也忘卻了自己此行的使命。

在「狼穴」週邊閒逛了幾天之後，特勞德爾一行突然在一天半夜接到通知，讓她們前往領袖駐地。她們匆匆梳洗整理了一番，領了臨時通行證，坐上一輛軍用汽車，駛進了伸手不見五指的黑夜。

接受希特勒接見的時間非常短促。根據特勞德爾的回憶，他和每個人握了手，詢問她們從何處來。特勞德爾是唯一的一個慕尼黑人，希特勒還特意問了她的年齡。

幾分鐘後，秘書們便都退了出來。她們原以為希特勒在這幾分鐘內即可拍板，但事情卻並沒有那麼簡單。希特勒還要看看她們的聽寫打字水準，於是她們又回到專列住了下來。在百無聊賴之中，她們幫忙做些雜務，而更多的時間則是繼續度假，享受清新的空氣、觀賞冬雪的景致，有時也做上幾個雪人，和駐地官兵打上一場雪仗。

這一住又是幾個星期。一天，特勞德爾和另一位秘書被叫到希特勒專用的防空洞，說是讓她們為他打一份東西，也算是對她們的最後測試。特勞德爾第一個應試，她雖然非常緊張，但希特勒很和氣，對她打的東西也頗為滿意，沒有再考第二人。

這一點，希特勒的部下和警衛早有所料。一來是猜測希特勒在慕尼黑發跡，對慕尼黑的姑娘勢必情有獨鍾；再者特勞德爾和希特勒的情人愛娃長得頗有幾分相似，給希特勒留下了良好的第一印象。另外，很有可能她的家庭背景也助了一臂之力：有一個曾為納粹「事業」浴血奮戰、獲得納粹「熱血勳章」的父親，她該是最合適的希特勒秘書的人選了。

就這樣，其他九名秘書都返回柏林，唯有特勞德爾留在了「狼穴」，當上了希特勒秘書。

這是一九四二年十二月。從這以後一直到希特勒自殺身亡的最後一刻，特勞德爾幾乎天天和希特勒見面，算得上是這兩年半裡見到希特勒最多的人之一。

頭幾個星期，希特勒並沒有給特勞德爾什麼工作，她只要將自己的行蹤告訴警衛就可以自由行動了。她幾乎每天在林中漫步，傾聽小鳥喳喳細語，享受大自然的賦予。這期間，她只在希特勒馴狗的時候才見到他，握個手，互致問候。但她卻漸漸和希特勒周圍的人，諸如警衛、醫生以及納粹政府和軍隊要員熟悉起來，和他們在飯廳一起共進午餐，一起喝咖啡聊天，一起在放映廳看電影，直接或間接地瞭解到希特勒的生活習性以及其他納粹官員的脾氣、特點。

一九四三年一月三十日，特勞德爾第一次正式被叫到希特勒辦公室，記錄希特勒口述的一份講話稿。日期和講話稿的內容當事人都記得清清楚楚，因為這一天正是納粹當權、希特勒上台整整十年，希特勒要在電台向全德人民發表講話，講話內容將見諸報端。

又過了一個月，希特勒的部下把一份希特勒旅行計畫和同行者名單交給特勞德爾，讓她將其列印出來，並要求她嚴守秘密，不得透露風聲。原來，希特勒將有幾天時間離開「狼穴」，帶著幾名隨從和醫生，坐飛機去東部戰線巡視官兵。

這或許是希特勒面對戰事的嚴重失利，感受到自己的政權和軍隊已岌岌可危，他要去前線亮亮相，希望以此鼓舞士氣。

希特勒這一走，「狼穴」頓時聲消音寂。特勞德爾有了足夠的時間理一理這兩個月在總理駐地的所見所聞，想一想這兩個月的經歷。她得出的結論不錯，自我感覺良好。

希特勒從東部戰線回來後不久，「狼穴」幾乎傾城出動。此行的目的地不是硝煙彌漫的戰場，也不是首都柏林，而是地處慕尼黑附近貝希特斯加登的希特勒山莊別墅，他要在那裡休息，同時指揮侵略大軍、接見外國來賓。看來，希特勒在使用飛機槍炮的同時，也要來點外交戰術，以實現自己一統天下的夢想。特勞德爾和其他兩名秘書都在同行者之列。

特勞德爾這時才瞭解到，山莊別墅的女主人是希特勒的情人愛娃，這事只是一個沒有公開的秘密，周圍的知情者都心照不宣。

一九四三年三月底，隆冬已過，但冰雪尚未融化，在一個不算太冷的夜晚，被冷落多時的希特勒專列徐徐開出叢林，向慕尼黑方向駛去。

坐在豪華的車廂裡，特勞德爾思緒萬千。她想到此時此刻坐在其他火車裡的無數乘客，他們一定饑腸轆轆，蜷縮在簡陋擁擠而又寒冷異常的車廂裡，裹緊了破舊的大衣打盹兒。而坐在專列裡的政要與之相比卻有著天壤之別。他們過慣了奢華生活，此刻嘴叼高級香煙，酒足飯飽，在一起高談闊論，消磨時光。她對此心存疑問，甚至不滿。但有一點特勞德爾一無所知，那就是正是這些人參與發動了這場邪惡之戰，給世界帶來了災難，也同樣把德國推向了深淵。

就是特勞德爾對納粹政要的這一點疑問和不滿，也很快一掃而光。她雖然對政治不甚了了，也不是納粹黨員，但因為擁有希特勒秘書這一特殊身份，她漸漸「躋身」特權階層。她身臨其境，快樂無比，享受著常人無法享受的待遇，經歷著常人無法經歷的事件。為此，她感到驕傲和自豪。

特勞德爾第一次和希特勒及其隨從共進晚餐，就是在這一次旅途之中。原來，希特勒不願單獨進餐，總要叫上幾個同黨，當然也少不了請女士作陪。從此以後，特勞德爾幾乎每天和她的上司在同一飯桌上進餐。但是，這第一次著實讓她緊張了一番。

首先，特勞德爾為自己該穿什麼樣的衣服上飯桌大傷腦筋。幸虧其他兩名秘書已在希特勒身邊工作多時，堪稱經驗豐富，她可以向她們求教取經。

在座的除了當陪襯的三位女秘書外，還有希特勒的部下和私人醫生。他們邊吃飯邊聊些無關緊要的事情，飯後在一起喝咖啡、吃糕點。根據特勞德爾的回憶，在場的除了她這個「新手」以外，個個無拘無束、談笑風生。她特別強調希特勒在女客人面前頗有紳士風度，讓她們不要客氣，詢問她們還想來點什麼。

列車行駛了近十五個小時，第二天中午時分，專列抵達慕尼黑，將在那裡停留大半天，待到日落西山、夜色籠罩，火車將繼續朝貝希特斯加登方向行駛。

特勞德爾利用這大半天時間回家看望半年未見的母親。她興奮不已，一方面是見到親人的喜悅，另一方面是想把自己這段時間的所見所聞一吐為快，與母親共用，讓母親高興。

聽了女兒的講述，母親非但沒有喜形於色，反而憂心忡忡。她意識到女兒身邊潛在的危險，卻又百般無奈，因為此時的特勞德爾沉醉其中，慶幸自己能夠在「領袖」身邊工作，哪裡聽得進苦口良言。正如她自己後來所說：「我不加思索、毫不遲疑地跌進了漩渦之中，為自己能夠擺脫一般辦公室工作人員的平淡生活而感到幸運，並渴望有新的經歷。」

於是，特勞德爾跟隨希特勒來到了山莊別墅。在此期間，希特勒除了每天和他手下的司令、將軍們討論戰局外，還接見了他的外國同黨墨索里尼之流，而很大一部分時間則是讓大家圍坐在他身邊說話聊天。特勞德爾很快發現，與其說自己是希特勒的秘書，不如說她是陪伴希特勒及其政要消遣的女郎。其實，她並不一定心甘情願「不務正業」，要她聽寫列印的東西實在很少，她和其他女秘書的主要「工作」，是和希特勒及其政要一起進餐，晚上則坐在火爐邊，喝著茶、吃著甜點，長時間地陪他們天南地北地閒聊漫談。根據特勞德爾戰後的回憶，當時德國硝煙瀰漫，但無論在吃飯時還是在飯後，他們聊天的內容不痛不癢，很少涉及槍林彈雨，很少談到正在進行的殘酷戰爭。希特勒不是興致勃勃地回憶自己在學生時代經歷的軼事趣聞，就是有聲有色地講述同黨觀看歌劇時鼾聲四起的醜相，或是對女性穿著評頭論足，要不就是對特勞德爾的飯量作一番評論。有的時候，不吃肉、反對吸煙喝酒的希特勒也會談談自己對食肉者、吸煙者和喝酒者的看法。他們經常這樣聊到淩晨四、五點，待到東方欲曉之時才上床就寢。

就這樣，在百姓深受希特勒發動的戰爭帶來的貧困潦倒之時，他們能吃上時鮮果蔬、各種魚肉，可以暢飲香檳、葡萄酒。希特勒還煞費苦心，盡量避免讓那些指揮作戰的軍官和女秘書們有直接交往，使她們對外面的世界一無所聞，可想而知，特勞德爾很難身臨其境，感受百姓的疾苦。

當然，她和大多數德國人一樣，盼望著早日結束戰爭。有一回希特勒在聊天時，偶爾憧憬未來，談起自己戰後的打算，特勞德爾忍不住抓住時機問他：「戰爭何時結束？」希特勒充滿自信地回答：「這我不知道，無論如何要到我們獲勝以後。」他還說：「我們將會贏得這場戰爭的勝利，因為我們為理想，而不是為猶太資本主義而戰……善會戰勝惡，不會有別的結果。」

是的，善良總會戰勝邪惡，這一點倒是被希特勒言中了。但是，他和納粹德國代表的不是善良，而是邪惡，最終落得個一敗塗地的下場，實在不足為奇。但是，當時希特勒周圍的大多數人，不是和「領袖」狼狽為奸的死黨，就是不加思索的盲從者，特勞德爾也算得上是後者中的一個。在戰後的回憶中，她認為這些人「相信他們聽到的一切，因為他們願意相信」。真是切中肯綮。

不過，希特勒身邊不是沒有人提出異議。據特勞德爾回憶，亨里埃特就是這樣的勇敢者。這個希特勒御用攝影師的女兒，十七歲就參加納粹黨，到一九四三年已有十三年的黨齡。有一天晚上，當希特勒和往常一樣天南海北不著邊際地高談闊論之時，亨里埃特突然向他發問：「我的領袖，前不久我在阿姆斯特丹看見一火車被驅逐的猶太人，那些可憐的人看上去非常可怕，他們一定倍受虐待。您知道嗎？您允許這樣做嗎？」

希特勒當時雖然沒說什麼，但他絕對不會容忍別人的質疑，亨里埃特第二天就不得不離開山莊別墅。要不是看在她父親是跟隨自己多年的親信的份上，她很有可能會遭受和猶太人一樣的厄運，關進集中營，生死難卜。

在山莊別墅期間，特勞德爾不僅和希特勒及其宣傳部長戈培爾，黨衛隊頭目、蓋世太保首領希姆萊等在同一飯桌上吃飯、和他們圍坐在火爐邊通宵達旦地聊天、一起為希特勒祝壽，而且她自己的人生也有了很大的變化——她和希特勒的侍衛官漢斯·容格（Hans Junge）相愛訂婚，並在希特勒的說服之下於一九四三年六月正式結為夫妻，由胡姆普斯改姓容格。

特勞德爾的丈夫認為，在希特勒身邊待了較長時間的人，無法擁有自己的思想，無法客觀地看待問題，因此，他早有離開希特勒的打算，而唯一的可能就是提出去前線打仗，卻都被希特勒所拒絕，理由是勇猛的軍官和士兵比比皆是，但這樣一個忠心耿耿、體貼周到的侍衛卻極難尋覓。於是，漢斯就把結婚看作是離開希特勒的一次難得的機會，因為他知道，夫妻倆不可能同時在希特勒身邊工作。

果然，在度完蜜月以後，漢斯如願以償，結束了伴君如伴虎的日子，去前線出生入死，而特勞德爾則回到希特勒身邊。此時，希特勒及其大隊人馬已離開山莊別墅，再一次東進「狼穴」。

和以往一樣，特勞德爾和其他幾個秘書在「狼穴」不務正業，秘書工作很少，卻忙於充當陪伴希特勒及其隨從聊天消遣的女郎。為此她曾和另一位秘書向希特勒提出調離的請求，去更需要她們的地方工作。但希特勒卻說：「女士們，你們無法判斷你們的工作或者你們在我身邊是否有用。相信我，你們在我這兒的工作遠比你們在任何一家公司書寫信件或在工廠製作榴彈重要得多。你們為我列印或給我力量和休息的那幾個小時，是對人民最好的效勞。」

於是，特勞德爾就繼續和其他秘書每天輪流陪希特勒吃飯、聊天，繼續輕信他的謊言。這樣，她離當時的現實生活也就越來越遠。她對外面世界發生的事知之甚少，就是偶爾回慕尼黑探親，目睹了一幕幕慘劇，也無法認清這場殘酷的戰爭、舉世震驚的暴行完全由希特勒一手製造策劃，更無法看透希特勒侵略擴張的真實面目，甚至還將道貌岸然的暴君看作父親般的慈祥長者。那時，生活「就像沙沙作響的風聲，宜人地從我身邊吹過，我在廣闊樹林裡的湖畔享受著夏日。回想起來，今天我對一九四三年世界上發生了些什麼可怕的事件的記憶幾乎蕩然無存。」

但是，特勞德爾對納粹迫害猶太人並不是一無所知。在「狼穴」有一個奧地利年輕女子名叫瑪萊娜・埃克斯訥（Marlene Exner），原在維也納大學醫院工作，經人引薦來到領袖駐地，專門負責素食者希特勒的飲食菜譜，為他做飯烹調。希特勒不僅對她的工作非常稱心，而且對她的家庭也很滿意：她出身於維也納名醫之家，和幾個兄弟姐妹很早就狂熱地追隨納粹，後來加入了納粹黨。很快，瑪萊娜和幾個女秘書一樣，成了希特勒一日三餐的陪客、深夜聊天的女伴，而特勞德爾也和她成為最要好的知心朋友。不料，還不到半年功夫，納粹安全情報部門查明，瑪萊娜的外祖母那一脈流著猶太人的血，也就是說，她有四分之一的猶太血統。於是，希特勒毫不留情地將她解雇，打發回維也納。不過，希特勒還是發了「慈悲」，臨別之時答應這個替自己兢兢業業工作、精心配餐做飯的猶太後裔回到維也納後，讓部下將她全家改成雅利安人身份。豈料幾周後特勞德爾收到了好友的來信，得知瑪萊娜一家不僅身份未改，而且納粹黨員證書也被沒收，不久以後她甚至被維也納大學醫院解雇，哥哥的診所被迫關閉，學醫的妹妹不得不放棄學業。特勞德爾非常氣憤，在她的干預下，希特勒最後總算催促部下兑現了許下的諾言。

但是，特勞德爾當時並沒有對這起發生在自己身邊的事件多加思考，就是在納粹滅亡兩年後也是如此。在一九四七年撰寫的回憶錄裡，她對瑪萊娜因為猶太血統而被趕回維也納深感不公，但她關注的僅僅是好友個人的命運，並沒有因此追究千千萬萬猶太人的生死；她對好友一家沒有及時得到雅利安人身份深表憤慨，但她的怨氣只是針對故意拖拉的納粹官員，而沒有追根究底，指向反猶思想和迫害猶太人的暴行，更沒有想到這一切都是希特勒一手所策劃。相反，她對暴君還有些感激之情，因為最後還是希特勒親自「出馬」催促部下，使瑪萊娜一家拿回了納粹黨員證書，使他們免遭其他猶太人無法逃避的厄運。

轉眼到了一九四四年年初，希特勒再一次帶著大隊人馬踏上了南去的專列，來到山莊別墅。這一回遠不如一年前那麼舒適，他們有時深更半夜會因盟軍的空襲而離開暖洋洋的被窩，奔向防空洞；希特勒和軍官們商討戰事的時間越來越長，因為要等「領袖」一起進餐，特勞德爾她們這些陪客吃飯時間越來越沒有規律。這樣的時候，特勞德爾就會有不祥之感。但是希特勒照樣和她們談笑風生，照樣通宵達旦地聊天，照樣敘述和戰爭毫不相干的趣聞軼事，照樣趾高氣揚，照樣信心十足，特勞德爾和希特勒身邊的大多數人一樣，像是吃了定心丸，日子就在這一天天的盲從中過去了。

如果沒有一九四四年七月回到「狼穴」後發生的刺殺希特勒事件，特勞德爾也許還會繼續滿足於這樣的生活。二十日那天，一名反納粹軍官將裝有炸彈的手提包放在希特勒的辦公桌旁，炸彈爆炸，希特勒死裡逃生。當時，特勞德爾雖然沒有和希特勒在一起，但是清晰地聽到了巨響。爆炸聲響起的那一瞬間，特勞德爾不禁為之一震：要是希特勒完蛋了自己該怎麼辦？但是，這個念頭只是一閃而過，因為特勞德爾很快得知希特勒還活著。一個多月後的一九四四年八月底，她卻得到了一個確切的死訊：她的丈夫漢斯在諾曼第（Normandy）戰亡。

一九四五年一月，希特勒又帶著大隊人馬回到柏林，躲進總理府地下避彈室，試圖負隅頑抗。他認為自己一定會打退敵人，並一再對周圍的人說：「歐洲不可以也不允許成為這些沒有文化的野獸的棲身之地。我是阻擋這一危險的最後堡壘，如果有正義的話，我們就會勝利，總有一天世界會認識到，這場鬥爭究竟關係到什麼！」

這時，盟軍的炮聲越來越近，越來越響。有時，特勞德爾深感疑慮，有時，她也感到害怕，但是她寧可放棄直覺，相信希特勒的狂言和謊話。也許，在這樣的時候，她根本就不願意相信直覺、相信事實，她已感到自己別無選擇。

一九四五年四月二十日，希特勒在地下避彈室度過了五十六歲生日。此時，兵臨城下，蘇軍坦克已經開到了柏林郊外，並繼續朝著納粹政權統治的心臟進發。在這種情況下，希特勒不得不承認自己滅亡在即，他被逼到了「懸崖」，已經沒有回頭之路。雖然他對扭轉局勢不抱任何希望，但他還是拒絕了同黨要他撤離的勸說，堅持留守柏林，準備一死了之。想來他也清楚地知道，自己這回即便得以偷生，今後也絕對逃脫不了國際正義法庭的嚴厲審判。

納粹黨的大部分政要在希特勒生日後陸續登上飛往南方的最後幾趟飛機，希望能夠撿回性命。此時的愛娃堅決要求留下，待在希特勒身邊。而特勞德爾呢？「我並不想說這話，但卻脫口而出：我不願意待在這裡，我不願意死，但我別無選擇。我說：『我也留下。』」

對此，希特勒對特勞德爾和留下的另外兩名秘書說：「我真希望我的將領們和你們一樣勇敢。」

就這樣，特勞德爾帶著對死亡的恐懼，同時也帶著些許自豪，鬼使神差地留在了希特勒身邊，留在了即將為盟軍占領的柏林，從一九四五年四月二十至三十日，度過了整整十天的不眠之夜。

在這度日如年的十天裡，希特勒在秘書面前多次提到死，詳細地敘述自殺的幾種可能性，使她們不得不感到自己年輕的生命也已走到了盡頭，希望找個不太痛苦的死法，便向希特勒索取毒藥。一天飯後，希特勒一邊取出希姆萊給他的十粒毒藥中的兩粒，分別交給了特勞德爾和另一名秘書，一邊說：「真遺憾無法有更好的臨別禮物送給你們。」

在這度日如年的十天裡，特勞德爾和納粹宣傳部長戈培爾的六個年幼天真的子女玩耍，試圖盡量不讓童稚之心感覺到即將到來的死亡。

在這度日如年的十天裡，特勞德爾和其他人一樣，機械地吃飯、睡覺，焦急地等待著，不是等待納粹勝利的那一天，因為對此他們早已失去了奢想，而是等待有朝一日走出地下避彈室，獲得一線生的希望。於是，她又焦急地等待著希特勒自殺的那一天，因為只要暴君還活著，她就沒有出去的可能。這樣的等待幾乎使她的精神幾近徹底崩潰的地步：「我們的神經已經繃到了快要斷裂的地步。」「有時我問自己，他還在等什麼，為什麼不就此了結，顯然已無可挽救了。」但是，想到希特勒將要自殺，她又感到失望：「『帝國第一士兵』將要自殺，而孩子們卻在保衛帝國首都。」同時，她也感到絕望：希特勒自殺、納粹滅亡也意味著否定她自己這兩年半的人生歷程，意味著自己前程難料。

在這度日如年的十天快要結束的時候，希特勒的情人愛娃對特勞德爾說：「我敢打賭你們今天晚上準會流淚。」特勞德爾以為希特勒已決定在當天晚上自殺，幾小時後才知道愛娃指的是她和希特勒臨死之前的婚禮。

但是，希特勒還有最後一樁心事，那就是口述「政治」遺囑和私人遺囑。於是，在婚禮之後，他就把記錄、列印的任務交給了特勞德爾。

可以想見，聽到希特勒說出「我的政治遺囑」這句話時，特勞德爾一定既充滿了緊張好奇，又暗自高興。好奇的是希望知道希特勒在臨死之前想說什麼，高興的是惡夢般的日子將要結束，自己終於看到了一線生的希望。她坐在打字機前把速記下來的兩份稿子列印出來，完成了希特勒交給自己的最後一項任務，親手記錄了罪惡的納粹政權的最後一頁。

這是一九四五年四月二十九日淩晨，離希特勒自殺還有近四十個小時，離特勞德爾走出地下避彈室、重見光明還有六十多個小時。

四月三十日，愛娃將自己的一件狐皮大衣送給了特勞德爾，算是臨別禮物。接著，希特勒和特勞德爾他們共進最後的午餐。飯後不久，希特勒和愛娃正式向留在地下避彈室裡的人握手告別，特勞德爾也是其中之一。她感覺到，希特勒如同行屍走肉，目光呆滯，和她說了些什麼，但她沒有聽清。倒是愛娃還身穿希特勒最喜歡的黑色套裙，強裝笑顏。因為她和特勞德爾是巴伐利亞州的慕尼黑老鄉，所以她就對特勞德爾說了一句：「請試著出去，也許您還能過去。那就替我問候巴伐利亞。」接著，特勞德爾看著愛娃隨希特勒步入他的房間，關上了身後的大門，一腳踏進了死亡的深淵。

没過多久，特勞德爾聽到了一聲巨響，在她的腦子裡一閃而過的是：「這下領袖死了。」

特勞德爾此時的心中，是對死去的上司的無比怨恨。她不是怨恨希特勒這十幾年來給德國和世界帶來的災難，也不是怨恨他屠殺了多少無辜的生命，而是有一種被「領袖」遺棄的感覺。在希特勒身邊工作的兩年半，她不用也不能獨立思考、自我判斷，她盡情地享受著精神的「舒適」，享受著物質的寬裕。對她來說，實在找不出什麼理由對希特勒提出質疑：有多少人拜倒在他的腳下，多少人羨慕她每天能和希特勒在一起吃飯聊天；更何況，他對自己著實不錯，身為秘書，恐怕很難再找到第二個如此「寬容」、「和氣」的上司了。

而如今，這個替她思考、為她決斷的人卻永遠離去，頓時使她感到無所適從、前途渺茫。一九四七年，特勞德爾這樣回憶自己當時的心緒：「他給我們留下了這樣的空虛和迷茫！如今他就此一走了之，我們不得不處於的那種催眠狀態也隨之消失。」

不過，特勞德爾沒有時間多加考慮。求生的意願比怨恨、失望更加強烈。希特勒自殺的第二天，在目睹了戈培爾的六個剛剛被父母毒死的子女的棺材抬出後，她和其他一些人分成幾組離開了總理府地下避彈室，離開了第三帝國的最後一個驛站，離開了埋葬歷史罪人的墳墓。

特勞德爾隨著潮水般的難民，沿著塵埃四起的小路，拖著疲憊的步履，向北部英軍占領地進發，她希望離開蘇占區，但是未能如願，便和在路上認識的女友結伴，返回柏林，躲到女友家。但是不久以後，她還是被投入監獄，並多次受到審訊。占領軍最關心的是希特勒的最後那些日子，同時，他們也希望瞭解納粹政要中哪些人還活著。她的運氣不錯，一位好心的蘇軍軍官兼翻譯成了她的救星，不僅給了她一處棲身之地，而且給了她一份工作。照理，她應該知足，但她卻心繫南部，惦記家鄉，經歷了失望和逃亡的創傷，她需要親人的撫慰。

在離開死亡之地的帝國總理府地下避彈室整整一年後的一九四六年四月，特勞德爾終於如願以償，來到了慕尼黑，回到了母親和妹妹身邊。在那裡，她受到美軍的審訊，他們所感興趣的，同樣是她在納粹滅亡之前最後幾天的所見所聞。一九四七年，特勞德爾被法庭免除罪責。

從此，新的生活開始了。因為特勞德爾是個稱職的秘書，所以不愁沒有工作。她先後或同時在電氣公司、劇團、印刷社、出版社上班，也為記者、律師、作家充當秘書。所到之處，都得到好評。雇主們都瞭解她在希特勒身邊工作過的事實，但是，無論是老闆同事，還是家人朋友，都避免向她提起往事，理由是：「我們體諒她，覺得她可憐，因為我們看到她內心痛苦。」

對於這一點，年逾古稀的特勞德爾仍記憶猶新：「我從柏林回來的時候，感到自己矮小、可憐，對人們表示的好感感激不盡。我從未聽到周圍的人對我個人提出責備。大家都說：你看，你那時還那麼年輕，哪能知道發生了什麼事……我把回憶寫下來後，沒有人願意看。對我來說很多年都很舒適，因為我可以借此撫慰我的良心。」

就這樣，在家人和朋友的關懷下，特勞德爾漸漸忘卻了過去，更使她對前景充滿信心和希望的是，她又有了未婚夫，名叫海因茨・巴爾特（Heinz Bald），是劇團經理。他多才多藝，對她關心備至。經海因茨介紹，特勞德爾認識了一位有錢的企業家，後者對她當年為希特勒工作一事頗感興趣，鼓勵她寫下來，答應替她在美國找人出版。

就這樣，特勞德爾將自己在「狼穴」、在山莊別墅、在帝國總理府地下避彈室的所見所聞寫了下來。在她的筆下，雖然有一些對戰爭的控訴、對某些納粹政要的不滿，但希特勒卻是個父親般的朋友、和藹可親的上司、對女士彬彬有禮的紳士。她沒有也無法看清，正是這個道貌岸然的偽君子，一手策劃和發動了這場殘酷無情的戰爭，屠殺了千千萬萬的無辜。這本回憶錄當時沒有出版。

後來她又愛上了一個有婦之夫，打消了去美國同移居那裡的未婚夫海因茨團聚的念頭。

直至五〇年代，特勞德爾才對希特勒以及第三帝國的罪惡有了初步認識。當時，她在一家報社當總編輯助理，和在以前的工作單位一樣，大家都知道她在第三帝國最後兩年半的那段「前科」，但沒有一個人提起。倒是報社對第三帝國及其參與者的調查和報導使她感到震驚，也使她漸漸擦亮了眼睛：有一天，編輯部討論撰寫一篇有關審判納粹罪犯的文章，特勞德爾第一次瞭解到第三帝國許多鮮為人知的內幕，第一次瞭解到很多她接觸過、在她眼裡彬彬有禮、頗有教養的納粹黨徒，原來是濫殺無辜的兇手。希特勒的醫生勃蘭特（Karl Brandt）就是其中的一個。他無情地把猶太人充當醫學試驗，使多少人遭受肉體和精神的痛苦，又使多少人因此喪生。

六〇年代中期，在瞭解到納粹和希特勒本人越來越多的暴行後，特勞德爾患上了憂鬱症，她後悔自己當初走錯了一步路，尤其把殘酷的事實和自己當時愉悅的心境一對比，頓覺慚愧萬分。在人們以她年幼無知為由試圖寬容她、理解她的時候，在沒有人對她那兩年半的歷史提出質疑的情況下，她突然發現了豎立在慕尼黑街頭的索菲・蕭爾（Sophie Scholl）紀念碑。這個在第三帝國期間參與發起組織反納粹「白玫瑰」小組⑪、

⑪白玫瑰小組（Weiße Rose），由漢斯・蕭爾 Hans Scholl 及索菲・蕭爾 Sophie Scholl 成立，「白玫瑰」是為一些慕尼黑大學生行動時的象徵，用來呼籲時人起而反抗希特勒的獨裁統治。紀念碑立於慕尼黑大學對面的 Geschwister Scholl—Platz 廣場。——編按

勇敢地反對希特勒法西斯的女青年，於一九四三年，在大學裡散發傳單時被捕，受盡折磨後，被處死刑。索菲・蕭爾比特勞德爾還小一歲，卻已經看透了納粹及其黨魁的真實面目，認清了德國青年肩負的歷史使命。在她和她的夥伴們印發的傳單上，明明白白地寫著：

「出自希特勒之口的每個詞都是謊言。」

「德國青年要挺身而出，向納粹復仇，向受害者贖罪，粉碎肆虐的暴徒，建立起一個尊重人類精神的歐洲。否則，德意志的名字將蒙受千秋萬代的恥辱。」

而索菲・蕭爾慘遭殺害的那一年，二十三歲的特勞德爾，還把希特勒視為慈父般的朋友，幾乎每天都和那些罪惡深重的劊子手，在一起吃喝說笑。同是德國青年，可她們之間，從思想意識，到行為舉止，竟有如此之大的反差！相形之下，特勞德爾感到無地自容。在她看來，因自己年幼無知而情有可原這一點，已經無法成立。

新千年開始後，身患絕症的特勞德爾終於決定將自己戰後不久寫的回憶錄公布於眾，這就有了本文開頭提到的那本書的問世。

特勞德爾說：「希特勒是真正的罪犯，只是我沒有注意到，除了我之外，還有數以百萬的人沒有認識到這一點。」她還說：「今天我感到雙重悲哀：一是為被納粹屠殺的上百萬人而哀悼，二是為那個名叫特勞德爾・胡姆普斯的女孩傷心，她缺乏在適當的時候起來抗議的自信和審慎。」

特勞德爾頓悟了。這頓悟是她對那段往事的理性思考和反省的結果。

二〇〇二年，回憶錄《直到最後一刻——希特勒的女秘書敘述自己的生平》出版後不久，特勞德爾・容格離開了人世。

後記

這本小書即將付梓，藉此機會，我要感謝 Kerstin Salvador 女士和 Sabine Gless 博士為我提供了有用的參考資料；感謝家西書社劉興華先生和劉翠華女士為本書的出版牽線搭橋；感謝臺灣商務印書館的支持，以及編輯李俊男先生為本書付出的辛勞。

我還要感謝我先生唐利軍和我們的孩子雨禾、念童，在本書寫作過程中，對我的鼓勵。我尤其要感謝我的父母翁義欽、張立里，作為本書的第一讀者，他們提出了許多寶貴意見。

翁　崎

公元二〇〇四年三月

希特勒身邊的女人們 ／ 翁崎著. -- 初版. --
臺北市：臺灣商務, 2004[民 93]
面：　公分
參考書目：面

ISBN 957-05-1886-3（平裝）

1. 婦女－傳記　2. 德國－歷史－ 1933-1945

781.052　　93009816

希特勒身邊的女人們

定價新臺幣 280 元

著作者　翁　崎
責任編輯　李俊男
美術設計　江美芳
校對者　朱肇維
發行人　王學哲
出版者
印刷所　臺灣商務印書館股份有限公司
臺北市 10036 重慶南路 1 段 37 號
電話：(02)23116118 · 23115538
傳眞：(02)23710274 · 23701091
讀者服務專線：0800056196
E-mail：cptw@ms12.hinet.net
網址：www.commercialpress.com.tw
郵政劃撥：0000165 － 1 號
出版事業登記證：局版北市業字第 993 號

· 2004 年 7 月初版第一次印刷
版權經由家西書社代理

ISBN 957-05-1886-3（平裝）　42423000

廣 告 回 信
台灣北區郵政管理局登記證
第 6540 號

100臺北市重慶南路一段37號

臺灣商務印書館　收

對摺寄回，謝謝！

傳統現代　並翼而翔

Flying with the wings of tradition and modernity.

讀者回函卡

感謝您對本館的支持，為加強對您的服務，請填妥此卡，免付郵資寄回，可隨時收到本館最新出版訊息，及享受各種優惠。

姓名：________________　　性別：□男　□女

出生日期：____年____月____日

職業：□學生　□公務（含軍警）　□家管　□服務　□金融　□製造

□資訊　□大眾傳播　□自由業　□農漁牧　□退休　□其他

學歷：□高中以下（含高中）　□大專　□研究所（含以上）

地址：□□□________________

____

電話：（H）________________（O）________________

E-mail:

____

購買書名：________________

您從何處得知本書？

□書店　□報紙廣告　□報紙專欄　□雜誌廣告　□DM廣告

□傳單　□親友介紹　□電視廣播　□其他

您對本書的意見？（A/滿意　B/尚可　C/需改進）

內容______　編輯______　校對______　翻譯______

封面設計______　價格______　其他________________

您的建議：________________

____

____

臺灣商務印書館

台北市重慶南路一段三十七號　電話：（02）23116118・23115538

讀者服務專線：0800056196　傳真：（02）23710274・23701091

郵撥：0000165-1號　E-mail：cptw@ms12.hinet.net

網址：www.commercialpress.com.tw